Herbert Plottke

FÄCHER LOOS!

U 172 im Einsatz

In den Weltmeeren von Rio bis Kapstadt

Ein Tatsachenbericht aus den Jahren 1942/43

PODZUN-PALLAS

Oberdeckarbeiten im Südatlantik
(Abbildung Umschlag vorne)

Verfasser:	Herbert Plottke
Übersetzung aus dem Englischen:	Monika Beetz
Bildnachweis:	Eigenes Bildmaterial des Verfassers und Fotos aus privatem Besitz.
U. S. amerikanischer Nachweis:	Department of the Navy Naval Historical Center Washington Navy Yard Washington, D. C. 20374
Fotos:	Still Picture Branch National Archives Washington, D. C. 20408

PODZUN-PALLAS-Verlag GmbH,
Kohlhäuserstraße 8, 61200 Wölfersheim-Berstadt
Technische Herstellung: Satz/Druck Heinz Nickel
Hochstraße 80, 66115 Saarbrücken

ISBN:3-7909-0510-0

Erschienen als Landser-Großband Nr. 700, 1987
und Nr. 704, 1987 - Erich Pabel-Verlag GmbH, 7550 Rastatt

INHALT

VORWORT

Bei Beginn meiner Übersetzungen der Dokumente aus Quellen der amerikanischen Marineoperationsabteilung, die die Fahrten von U-172 betreffen, waren mir als jungen Menschen, der 20 Jahre nach Ausbruch des Zweiten Weltkrieges geboren wurde, die Schrecken des U-Boot-Krieges weitgehend unbekannt. Nachdem mir der Verfasser das Manuskript zur Einsicht gab, um dieses Vorwort zu schreiben, war ich von den Geschehen jener Zeit tief beeindruckt; von der Härte der Kämpfe, vom bedingungslosen Einsatz - beider Seiten - dem Opfergang einer ganzen jungen Generation und den oft unmenschlichen Bedingungen, denen gerade die U-Boot-Fahrer ausgesetzt waren.
Dauernde wochenlange Einsatzbereitschaft und ständige Angst waren ein enormer psychischer Druck, der nur durch bedingungslose Disziplin, Kameradschaft und durch das Wissen auf die Verläßlichkeit der Besatzungsmitglieder gemeistert werden konnte.
Was uns der Verfasser in diesem Werk in sachlicher, detailierter Weise schildert, sollte alle Menschen, auch außerhalb Deutschlands, aufrufen, eine zweite „Arena-Atlantik" niemals Wirklichkeit werden zu lassen.

Monika Beetz

Dieses Buch ist allen Kameraden gewidmet,
die auf U-Booten die Weltmeere befuhren.

BOOTSWAPPEN
U - 172

Einführung

Dieser Bericht ist aus der Sicht eines Maaten geschrieben, der den Kampf der U-Boote gegen die gegnerische Schiffahrt im Eismeer, im Nordatlantik, an der amerikanischen Küste, in den brasilianischen Küstengewässern und von Kapstadt nach Norden bis Gibralta mitgemacht hat.

U. 135 war mein erstes Frontboot, ein 500-Tonner, mit dem ich im Eismeer, bei Jan Mayen und über Island bis Neufundland eingesetzt war.

Aber ich will Ihnen von den Fahrten mit U. 172 (einem 750-Tonner) berichten, mit dem ich vier Unternehmungen in Folge machte.

Auf diesem Boot habe ich Geleitzugkämpfe, Fliegerangriffe und Angriffe auf Einzelfahrer mitgefahren und mit großem Glück bestanden.

Über die Höhen und Tiefen unserer Kämpfe werde ich berichten und aufzeigen, was wir in einem wahnsinnigen Kampf zu ertragen hatten.

Das IX c Boot U. 172 wurde in der Serie U. 153 bis U. 176 aufgelegt und gebaut.

Unser U. 172 von der Bauwerft Deschimag-Bremen wurde am 5. Nov. 1941 an die Kriegsmarine geliefert.

Die Abmessungen des Bootes betrugen:

Wasserverdrängung über Wasser:	1032 t
Wasserverdrängung unter Wasser:	1408 t
Länge:	76,5 mtr.
Maschinenleistung über Wasser:	4400 PS
Maschinenleistung unter Wasser:	1000 PS auf 2 Schrauben.

Bewaffnung: Bei der Indienststellung, 6 Torpedos 53,3 cm (zwei im Heck, 4 im Bug), eine 10,5-cm-Kanone, eine 3,7-cm-Kanone (Flak) und eine 2-cm-Flak. Später: eine 10,5-cm-Kanone, zwei Zwilling 2 cm und eine Vierling 2 cm.

Für eine weitreichende ozeanische Operation wurden die Boote entworfen und gebaut.

Aus den I. Weltkriegstypen U. 81 (1915) sind sie entwickelt worden und hatten einen Aktionsradius von 10.000 Seemeilen bei einer Geschwindigkeit von 10 Knoten.

Diese Strecke konnte ohne Versorgung zurückgelegt werden. 164 Boote mit den Folgetypen IX b, IX d1 und IX d2 stellte die Kriegsmarine in Dienst.

Die Bootstypen IX a und IX b bekamen später einen verlängerten Turm mit Schnorchel.

Verantwortlich für die Torpedowaffe: 1. Wachoffizier mit seinen Torpedomechanikermaaten.

Verantwortlich für die Artillerie und Flak: II. Wachoffizier mit der seemännischen Nr. I für die 10,5-cm-Seezielkanone mit Munition und der seemännischen Nr. II für die Flakbewaffnung mit Munition. Ver-

antwortlich für die Verpflegung: Der Obersteuermann mit der seemännischen Nr. III und dem Smutje.
Verantwortlich für die gesamte Technik: Der leitende Ingenieur mit seinen Obermaschinisten und den Maschinenmaaten.
Nach der Indienststellung durchlief unser Boot wie jedes andere alle Ausbildungsphasen in der Ostsee. Diese enthielten ein ausgedehntes Torpedoschießen bei Tag und Nacht sowie technisches Training und alle für die Ausbildung der Besatzung notwendigen Einzelheiten der Waffentechnik.
Alle Besatzungangehörigen hatten auf der U-Boot-Schule oder in Waffen- und Maschinenlehrgängen eine gute Ausbildung erhalten. U. 172 war frontreif!

Der Heimatstützpunkt war Lorient, ein französischer Atlantikhafen in der Loiremündung. An der Biskaya gelegen, frei von Schleusen, konnten die Boote direkt in die Bunker laufen. Wir haben von diesem Hafen fünf Unternehmungen durchgeführt.
Ehe ein Boot zu einer Unternehmung ausläuft, bedarf es der Ausrüstung mit Waffen, Material und Verpflegung.
Die Ausrüstung eines Bootes will ich Ihnen im einzelnen aufzeichnen. Die Anlieferung wird von der Flottille, hier war es die 10. U. Flottille, festgelegt und nach Plan an das auszurüstende Boot geliefert. Die Torpedomechaniker übernehmen mit Hilfe der Seeleute ihre 22 bis 24 Torpedos in Bug, Hecktorpedoraum und Oberdeck-Tuben. Gleichzeitig übernimmt das technische Personal Treibstoff, Schmieröl, Trinkwasser und alle für die Technik erforderlichen Ersatzteile.
Der Obersteuermann mit seinem Koppelmaaten kommt mit dem gesamten Kartenmaterial, das für die Fahrt gebraucht wird, an Bord. Er weiß als erster, wo es hingeht. Die großen Kartentaschen werden an den Haltegeländern der Elektroschalttafeln festgezurrt. Jetzt kommen die Waffen mit Munition. Die Geschützbedienungen setzen die Waffen in ihre Halterungen und verstauen die 10,5-cm und 3,7-cm-Granaten direkt hinter den Kanonen in Oberdeck-Tuben, Turm, Zentrale und Munitionslast.
Die 2-cm-Munition wird sofort wechselweise mit Spreng-, Brand- und Vollgranaten in Magazine gefüllt und griffbereit in Oberdeck-Tuben, Turm und Zentrale bereitgelegt. MG-Munition, in großen Mengen gegurtet, liegt ebenfalls griffbereit. Wir hatten bei dieser Unternehmung folgende Waffen zur Verfügung: eine 10,5-cm-Seezielkanone, eine 2-cm-Flakkanone auf dem Brückenpodest und auf dem Achterdeck eine 3,7-cm Flakkanone, zwei MG 34, 2 Maschinenpistolen, sechs Mauser 7,65 mm, fünfzig Handgranaten und mehrere Sprengsätze von 1 kg und 1/2 kg an Bord, dazu 22 Torpedos. Pistolen hatte der Kommandant, I., II. und III. Wachoffizier, der I. und II. seemännische Maat. Bei späteren Unternehmungen mußten wir, bedingt durch die vielen Luftangriffe, ein Vielfaches an 2-cm-Munition mitnehmen. Die Muni-

tionskanister wurden wegen Platzmangels auf die Flurplatten von der Zentrale bis in den Unteroffiziersraum gelegt. Jetzt konnten wir uns nur in gebückter Stellung nach vorn bewegen. Nun kommt die Verpflegung: Der Obersteuermann steht an Oberdeck und verteilt die vom Kran abgelassenen Lebensmittel an die einzelnen Luks.
Viele Tonnen werden für eine 10- bis 12-wöchige Unternehmung übernommen. Alle Hände werden gebraucht, um für diese Zeit alles an Bord zu nehmen und zu verstauen. Ob Seemann, Heizer, Funker oder Torpedomechaniker, Verpflegungsmaat oder Smut, alle haben Hochkonjunktur, Arbeit bis zum Hals. Vom Bug bis zum Heckraum wird jeder Platz ausgefüllt, das 2. Klo wird zweckentfremdet mit Verpflegung ausgefüllt und vollgestopft. Die Kojen im Bug und Hecktorpedoraum werden mit Broten, Würsten und aller Art Lebensmittel gefüllt und festgezurrt.
Schinken und Würste hängen an den Armaturen, eine qualvolle Enge. Die gesamte Ausrüstung muß festsitzen, damit bei schwerem Wetter nicht alles durch das Boot fliegt.
In der Zentrale im Bereich des leitenden Ingenieurs stapeln sich in nicht mehr erträglicher Enge Säcke mit frischen und getrockneten Kartoffeln und Gemüse.
Die Tiefenruder sind schwer zugänglich. Auch in dieser Nervenzentrale des Bootes hängen an den Armaturen Würste, Schinken und Lebensmittel aller Art.
Wenn alles verstaut ist, steigt die Besatzung mit ihrer Ausrüstung ein, Platzrangeleien gibt es nicht, weil kein Platz da ist; aber alles rüttelt sich zurecht.

Durch die Bekleidungsausrüstung wissen wir, wohin es geht. Geht die Unternehmung in den Nordatlantik, werden schwere Pelzbekleidung, dicke Unterwäsche und Pullover mitgenommen. Eine Heizung an Bord gibt es nicht.
An den Innenwänden des Bugtorpedoraumes hängt durch die Ausdünstung der Männer zentimeterdick der Reif, alles ist klamm vor Nässe. Die beiden einzigen warmen Räume sind der Diesel- und E.-Maschinenraum, alles andere ist kalt und das wochenlang. Trotz dieser ungünstigen Lebensweise sind Erkältungen kaum vorgekommen. Die eisigen, fürchterlichen Winterstürme im Nordatlantik, mit einem tief auf der See liegenden U-Boot, verlangten uns alles ab, nur angegurtet konnte man sich auf der Brücke halten. Jede von achtern auflaufende See hob uns, mit Ölzeug dick verpackte Brückenwache, bis zur Oberkante der Brückenverkleidung, nur die Gurte verhinderten ein Überbordgehen.
Im Winter, wenn wir eisverkrustet und völlig durchnäßt waren, wurden die Wachzeiten von 4 auf 2 Stunden reduziert. Wir wurden für den Südatlantik ausgerüstet, dort ist es völlig anders: Hitze, vor der man sich nicht schützen kann. Anzug? Keiner! Sporthose und Segeltuch-

schuhe sind alles, was getragen wird, nachts zusätzlich eine Leibbinde, die vor Erkältung und Nierenschäden schützt.
In dieser Waschküche unter Deck sind Ölkrätze und Abszesse in der Achsel bis 55 Grad Hitze das Normale. Gewaschen wird sich in der gesamten Arena-Atlantik nur mit Seewasser.
Der Dienst der Besatzung läuft wie folgt ab: Von den zwei Wachen des Maschinenpersonals steht eine auf Station, ebenso die Funker im 4-Stunden-Takt. Die Seewache geht im Dreiertakt, weil der Dienst auf der Brücke eine große Aufmerksamkeit verlangt und bei Angriffen von Feindstreitkräften sofort der Abwehrkampf beginnt.
Zusätzlich setzt das Element Wasser den Seeleuten sehr zu. Bei schwerer See, auf der Brücke in den Gurten hängend, leisten diese Männer Unmenschliches und müssen hellwach sein, um Boot und Besatzung vor Angriffen der Fernbomber oder Trägerflugzeuge mit ihrem Abwehrfeuer zu schützen. Wie viele Angriffe abgewehrt wurden, werden Sie aus dem Bericht ersehen.

Die Seeleute haben zwischen ihren Wachen 8 Stunden Zeit, um zu essen, ihre Bekleidung in Ordnung zu bringen und die Waffen und Munition in Ordnung zu halten. Bei Alarmtauchen bleiben die Waffen an Oberdeck und versalzen in der Unterwasserfahrt erheblich. Die oben gebliebene Munition wird bei einer Tauchtiefe von 120 mtr. unbrauchbar und wird nach dem Auftauchen über Bord geworfen. Es wäre verfehlt, von einem U-Boot zu berichten und den Smutje zu vergessen. Dieser Mann ist für jeden Besatzungsangehörigen einschließlich des Kommandanten, der wichtigste Mann an Bord überhaupt, das wird mir jeder U-Boot-Fahrer bestätigen.
Als seemännische Nr. II bin ich für die Einteilung der Verpflegung dem Obersteuermann über viele Wochen verantwortlich, für die Mahlzeiten unser Smut. Daß er dies konnte, hat er in mehreren Fahrten bewiesen. Mit unseren Smutjes, den Kameraden Meißner und Mißfeld, habe ich den Speiseplan für eine Woche im voraus besprochen und festgeschrieben. Am Anfang der Unternehmung ging die Sucherei nach Lebensmitteln, die wir für die Mahlzeiten brauchten, im Boot los. Bei der Übernahme der Verpflegung wurde ja alles in jeder Ecke und in jedem Winkel verstaut. Griffbereit lagen nur die Waffen und Munition mit den Ersatzteilen der Technik. Nach 3 Wochen Sucherei hatte sich alles etwas aufgelockert. Die Abschnittsmaate hatten für uns in ihren Stationen alles aufgeschrieben, was an Lebensmitteln in ihrem Bereich lag. Die Uhrzeiten wurden, ganz gleich in welchem Seegebiet wir waren, in deutscher Zeit beibehalten, nur in Winter- und Sommerzeit änderte sich das um eine Stunde. Die Borddunkelheit blieb, ohne Rücksicht auf die geografische Länge. Im Boot war es immer dunkel, die Besatzung mußte mit Beleuchtung leben. Nur der Wachwechsel bestimmte den Tagesablauf.

Ein Kriegsschiff ist immer so gut wie der Unteroffiziersraum, das ist eine alte Weisheit. Die Unteroffiziere stehen zwischen der Schiffsführung und der Mannschaft. Sie haben mit Fingerspitzengefühl, Durchsetzungskraft, Leistung und Wissen die Mannschaften zu führen. Vermögen sie das nicht, geht bei solch harten Männern nichts mehr.
Sind wir ausgerüstet und auslaufbereit, wird alles nochmals einer genauen Kontrolle unterzogen, danach dem Kommandanten das Boot „klar" gemeldet. Der Kommandant steigt ein, und unter seiner Leitung laufen im Hafenbecken Prüfungstauchen und Einschießen der Waffen.
Nochmals zurück an die Pier. Der Flottillenchef verabschiedet das Boot, die Unternehmung beginnt.

Der Verfasser

Das Unterseeboot U. 172

Am 05.11.1941 wurde das Boot in der Deschimag-Werft in Bremen in Dienst gestellt.
Ein Unterseeboot vom Typ IX c, eine Seekuh, wie wir diesen Typ nannten.
Von der 46-köpfigen Besatzung fuhren außer dem Kommandanten Kapitänleutnant Carl Emmermann vorher nur 2 Unteroffiziere auf U-Booten an der Front, einzelne auf Frontminensuchbooten, alle anderen Besatzungsangehörigen waren auf Spezialkursen auf das U-Boot-Fahren vorbereitet worden. Auf der U-Boot-Schule in Pillau oder Gotenhafen bekamen die Besatzungsangehörigen den ersten Schliff.
In 3-monatiger Ausbildung wurden die Männer mit dem Boot vertraut gemacht. Ganze 4 Wochen Ausbildungsgruppe-Front, in Hela, im bitterkalten Winter 41/42 mit über 20 Grad minus in der Ostsee. Das Boot war in dieser Zeit total vereist. Der Netzabweiser war zugleich Antenne, sowie die Kanone ein einziger Eisklumpen, das Auslaufen verzögerte sich erheblich. Die Lederbekleidung hart gefroren, Eiszapfen hingen am Südwester. Das Boot ging von Hela nach Stettin und lag dort 2 Monate eingefroren fest. Mitte März war der Seeweg einigermaßen frei, das Boot konnte nur mit einem vorgesetzten Stahlplattenbug auslaufen.
U. 172 ging nach Kiel, wurde dort ausgerüstet und lief zur Überführungsfahrt Ende April 1942 aus.
Die Fahrt des Bootes nach Lorient-Westfrankreich-Biskaya wurde durch einen kurzen Aufenthalt in Kristiansand-Norwegen unterbrochen.

I. Unternehmung

Das Boot lief unter Minen und Flakgeleit in den Skagerrak und wurde am 24.04.1942 um 20.40 Uhr entlassen. Das Boot ging durch die Nordsee in den Nordatlantik.
Am 27.04. um 8.00 Uhr griff ein 2-motoriger Bomber das Boot an, leichte Schäden an Oberdeck. Das war eine heilsame Lehre für die Brückenwache, jetzt wurde aufgepaßt. Lorient wurde ohne weitere Zwischenfälle erreicht. Weitere Lebensmittel und technische Ersatzteile wurden an Bord genommen, das Boot war für eine große atlantische Unternehmung auslaufklar.

U.S. amerikanisches Archiv:
Ende April 1942 verließ U. 172 Kiel zu seiner ersten Unternehmung, legt über Nacht in Kristiansand an und fuhr dann in den Atlantik hinaus.

Vor der Küste Irlands wurde es von einem 2-motorigen Bomber angegriffen und trug leichtere Schäden davon, welche das, was als Kriegsfahrt von normaler Dauer geplant war, verkürzte. Es schien ratsam, zu Reperaturarbeiten nach Lorient zu laufen, nach 2 Wochen auf See erreichte U. 172 seine Atlantikbasis am 10. Mai 1942. Es wurden keine Angriffe auf die Schiffahrt unternommen. U. 172 hatte 23 Öl-Luft-Gemisch und elektrische Torpedos an Bord.
Die folgenden Offiziere nahmen an der Unternehmung teil:
Kommandant Kapitänleutnant Carl Emmermann
Erster Wachoffizier Oberleutnant z. See Heinz Günter Scholz
Zweiter Wachoffizier Oberfähnrich z. See Hermann Hoffmann
Leitender Ingenieur Oberleutnant (Ing.) Lothar Dick.

II. Unternehmung

Am 12. Mai 1942 hat das Boot vom Liegeplatz A 4 im Hafen von Lorient um 20.00 Uhr abgelegt.
Der Geleitschutz, 1 Dampfer und 2 Geleitschutzboote, brachte uns bis zum Auslaufpunkt und entließ uns, wir waren allein. Wir liefen mit großer Fahrt in die Biskaya, blieben über Wasser, um Raum zu gewinnen.
Am 13. Mai, nach kurzem Prüfungstauchen bei gutem Wetter, haben wir eine große Strecke zurückgelegt und standen vor dem Atlantik. Morgens um 9.00 Uhr hatten wir ein mitfliegendes Flugzeug, keine Gefechtsberührung. Biskaya und Atlantik waren zu dieser Zeit noch nicht so voll bewacht wie ein Jahr später, es war ruhig. Die Freiwache im Boot vertrieb sich die Zeit mit Kartenspiel, Lesen oder Rumblödeleien. Bei der Unterwasserfahrt legte unser Funkmaat aktuelle Platten auf, wir hatten den Krieg fast vergessen. Am 19.05.1942 um 00.00 Uhr standen wir bereits im Atlantik, der Kmdt. gab das Ziel unserer Unternehmung bekannt. Es geht in die Karibik, ein weiter Weg, was erwartet uns in diesem Seegebiet?
Wir standen nordwestlich der Azoren, dunkle Nacht, aber gute Sicht, im Boot wurden notwendige Reparaturen vorgenommen, es gibt auch einem Schiff immer etwas zu tun. Es zogen dunkle Wolken auf, Regenschauer fegten über die Brücke, die Seewache hatte schlechte Sicht. Plötzlich tauchte ein Dampfer auf, der uns vor den Bug lief, Masten und Brücken waren hoch heraus, ein Schnelläufer von etwa 5000 BRT. Wir tauchten sofort und liefen an, jetzt fiel unser Tiefenruder aus, und das Boot schnitt unter, umgestellt auf Hand, klemmte es vorn hat unten. Der Kommandant kam an diesen Dampfer nicht heran, er lief uns weg. Die erste Chance vertan!
Am 21. Mai um 00.00 Uhr Mastspitzen in Sicht. Vorgesetzt, Gegner steuert Zick-Zack-Kurs, der Kommandant schätzte seine Fahrt auf 12 Sm/h. Der Kommandant kommt bei dieser hellen Nacht nicht nahe ge-

nug heran. Plötzlich lief uns ein Portugiese mit vollen Lichtern in den Angriff. Neuer Anlauf. Um 3.00 Uhr kommt der Kommandant zum Schuß, Fehlschuß! Neuer Anlauf, Treffer Mitte unter der Brücke, Gegner stoppt. Der Kommandant riskiert keinen Torpedo mehr, auf einer Entfernung von 3500 m mit Artillerie beschossen. Nach dem ersten Schuß und Treffer geht die Besatzung des Dampfers in die Boote. Es ist ein Tanker mit achtern 2 Geschützen. Dampfer brennt und sinkt. Englischer Tanker „Athelknight" 8 940 BRT.
Das war der erste Erfolg unseres Bootes!
Der Kommandant holte die Rettungsboote an uns heran, befragte den Kapitän nach seinem Reiseziel. Er lief von Liverpool nach Trinidad, in Ballast. Wir verabschiedeten uns und gaben den Kurs nach den Azoren bekannt.
Die Insassen der Rettungsboote hatten Angst, man sah es ihren Gesichtern an. Die Propaganda der Gegnerstaaten hatte Erfolg. Am 01.06.1942, um 00.00 Uhr stand das Boot im Mittelatlantik, nordöstlich der kleinen Antillen, sehr gute Sicht, taghelle Mondnacht. Alarm zur Übung und Prüfungstauchen, Tiefenruderübung sowie kleine Reparaturen, die anfielen, wurden ausgeführt. Um 22.00 Uhr tauchten wir auf, gute Sicht, glatte See.
Am 02.06.1942 um 6.30 Uhr kam ein Schatten auf, Dampfer in spitzer Lage. Der stark zackende Dampfer wurde vom Kommandanten ausgedampft. Angriff, beim Schuß zackt der Dampfer, und der Torpedo geht vorbei. Jetzt fiel uns der Diesel aus, kommen nicht mehr nach, und müssen ihn laufen lassen.
Jetzt mußten wir die Torpedos vom Oberdeck umladen, eine Heidenarbeit. Nur der, der bei so einer Arbeit dabei war, weiß, wie schwer das ist. Im Boot wurde fieberhaft gearbeitet, um wieder gefechtsklar zu sein. Das seemännische Personal war besonders gefordert. Bei einer Torpedoumladung muß der Bug- oder Hecktorpedoraum frei gemacht werden, Kojen hochgeklappt und alle Ausrüstungsstücke der Männer werden in den Unteroffiziersraum oder die E.-Maschine geworfen, kaum noch ein Durchkommen.
Die Torpedomechaniker müssen sofort die Torpedos gefechtsklar machen (Regeln) und nachladen.
Der Bb. Diesel wurde klar gemeldet, wir tauchen sofort auf und liefen mit voller Fahrt unseren Kurs weiter.
Wir standen 20 Grad 09 Minuten Nord und 61 Grad 06 Minuten West. Um 13.40 Uhr hatten wir einen Dampfer in Sicht, liefen direkt auf ihn zu, zum Unterwasserangriff getaucht. Dampfer lief durch hohe Geschwindigkeit ab, aufgetaucht und mit Höchstfahrt vorgesetzt. Unser Fahrtüberschuß war nur gering, kamen aber langsam nach vorn, um 22.50 Uhr stehen wir vor dem Dampfer. Angriff, wir hören den Torpedo aufschlagen, aber keine Detonation, es passiert nichts, Dampfer lief weiter, als ob nichts geschehen wäre. Einwandfreier Gefechtspistolenversager. Unter Wasser sind wir abgelaufen. Unser Diesel war wieder

klar, wir tauchten auf, liefen bei guter Sicht auf die Mona-Passage zu. Jetzt kam uns der weggelaufene Dampfer wieder in Sicht, es war 01.00 Uhr, als der Schuß aus Rohr I fiel, 400 m Entfernung und Treffer nach 21 SK in den Maschinenraum. Nach 30 SK ist der Dampfer verschwunden, Kesselexplosion.
Wir sind mit Kurs 230 Grad weitermarschiert.
Am 03.06.1942 Prüfungstauchen und Unterdecksarbeiten, aufgetaucht und 4 Torpedos von Oberdeck umgeladen.
Die genauen Angaben von den Anlaufschwierigkeiten eines neu an die Front gekommenen Bootes werden hier aufgezeigt, es ist alles nicht so einfach, aus einer neu eingestiegenen Besatzung eine Eingefahrene zu machen.
Ausbildungen in einer Schule oder Einfahrtzeit in der Ostsee bringen keine Fronterfahrung, diese Erfahrungen kann man nur auf See machen.

Am 04.06.1942 um 22.00 Uhr Fliegeralarm, mehrere Flugzeuge überfliegen das Boot. Die Abwehr gegen die deutschen U-Boote, die im Karibischen und mexikanischen Meer operierten, war nicht zu stark, um den Einsatz der Boote tödlich zu gefährden.
Die U.S. Amerikaner mußten noch lernen, mit den U-Booten fertig zu werden. Das wurde später gefährlich anders.
Um 23.00 Uhr sind wir aufgetaucht und hatten sofort eine Rauchwolke in rechtweisend 200 Grad, vorgesetzt, Dampfer steuert stur seinen Kurs. Vorgesetzt mit Höchstfahrt, wir haben uns in der Dämmerung sacken lassen, der Dampfer schloß auf. Sehr dunkle Nacht, starkes Meeresleuchten.
Gegnerfahrt auf 9 Sm/h ausgedampft. Steuert geraden Kurs, schulmäßiger Anlauf.
Am 05.06.1942 stand das Boot, als wir zum Angriff anlaufen, um 03.20 Uhr im Marinequadrat DO 7586, wir hatten gutes Wetter, Seegang 3, bedeckt gute Sicht.
Schuß aus Rohr IV: Entfernung 500 m. Grundgänger! Blasenbahn bricht nach 20 m im Strudel ab.
Um 04.00 Uhr haben wir den Dampfer an Backbord erneut ausgedampft. Schuß aus Rohr II: Entfernung = 400 m, Rohrläufer, Ausstoßventil öffnet sich nicht.
Wieder an Steuerbord vorgesetzt, dabei starkes Wetterleuchten im Gegnerlee, vor dem Bug vorbeigegangen, Anlauf von Backbord. Um 05.00 Uhr Schuß aus Rohr III.: Entfernung 600 m, Aal läuft gut auf dem Dampfer, Kopf bei Meeresleuchten gut zu verfolgen. Wandert etwa Mitte Dampfer ein - nichts erfolgt!
Entweder Pi- oder Tiefensteuerversager!
Wir greifen nochmals an!
Um 06.00 Uhr: Schuß als Rohr V: Tiefe 3 m, Entfernung 400 m, nach 30 sk. = 420 m, Treffer Mitte!

Dampfer sackt tiefer, gibt auf 600-m-Welle U-Boot-Warnung, Name, Standort, amerikanischer Dampfer - Delphina -, 3500 BRT.
Um 06.30 Uhr Dampfer gesunken. Weitermarsch Kurs 110 Grad. Getaucht, Tiefensteuerübung und Technik überprüft, Ruhe im Boot. Aufgetaucht um 12.00 Uhr, angreifendes Flugzeug, direkt von vorn, Alarmtauchen und auf 40 m Wassertiefe gegangen.
Bis um 22.30 Uhr hatten wir mehrere Flugzeuge und mußten im Alarmtauchen mehrmals unter Wasser. Wir verschwanden schnell von der Wasseroberfläche.

Am 06.06.1942 waren wir immer noch in der Mona-Passage und hatten einen Oststrom, etwa 1,5 Sm/h nach Besteck.
Um 06.20 Uhr gingen wir am Leuchtfeuer der Insel Mona vorbei, wir hatten es genau im Westen, war aber abgedunkelt, auch kein Funkfeuer. Um 10.00 Uhr in rechtweisend 230 Grad ein Geleitzug, 3-4 Dampfer, als Sicherung 2 Zerstörer in Sicht, etwa 7000 m Entfernung. Da in etwa 45 Minuten die Dämmerung einsetzt, hat der Kommandant darauf zu gedreht, um noch einen Fächer auf das Geleit abzuschießen. Der Gegner steuert Nordkurs und kommt in einem plötzlichen Tropenregen außer Sicht.
In diesen Wassermassen, die vom Himmel strömen, beträgt die Sicht nur 50 m. In der letzten Peilung sind wir nachgestoßen. So plötzlich wie ein Tropenregen einsetzt, läßt er nach, aber noch schlechte bis mittlere Sicht. Regenschauer und abwechselnd aufklarend.
Wir hatten einen Dampfer mit achterlicher Lage voraus, ein Schnelläufer, er geht mit hoher Fahrt ab. Das Boot kommt bis zum Hellwerden nicht mehr nach vorn, ein Fühlungshalten ist aussichtslos. Das Geleit geht nach Norden durch die Mona-Passage. Der Kommandant hat abgedreht, und das Boot ist nach Südwesten weitermarschiert.
Am 07.06.1942 um 22.30 Uhr haben wir besetzte Rettungsboote gesichtet und sind getaucht, blieben 2 Stunden unten und tauchten auf. Wir waren im Karibischen Meer, wir laufen einen Kurs von 270 Grad, genau West. Wir haben ein Wetter, Wind Südost 3-4, Seegang 3, bedeckt, mittlere bis schlechte Sicht, Regenschauer. Wir laufen zur Südküste Haiti, um dort den Verkehr zu kontrollieren, der Kommandant vermutet eine Bündelung der Schiffahrt zwischen Küste und Alta-Vela.
Am 08.06.1942 um 00.30 Uhr Land in Sicht, gutes Wetter mit leichten Regenschauern. Um 00.40 Uhr kam ein Dampfer auf und steuerte auf die Mona-Passage zu. Vorgestaffelt zugedreht und Angriff. Torpedotreffer achterkant Brücke, Dampfer sackt achtern schnell tiefer und sinkt. Amerikanischer Motorfrachter „Sicilian", 1.654 BRT. Dieser Dampfer ging mit einer Zuckerladung von New Orleans nach Puerto-Rico.
Der Dampfer funkte, ehe er sank, auf der 600-m-Welle U-Bootwarnung, wurde aber sofort von unserem Funkmaat gestört. Der Kapitän befand sich nicht auf dem Rettungsfloß.

Der Kommandant ging auf Südkurs und setzte sich etwas von der Küste ab, um bei Beginn der Dämmerung noch einmal vor Alta-Vela zu stehen, um dort Schiffsverkehr anzutreffen.
Am 09.06.1942 um 00.00 Uhr lagen wir gestoppt, um die Dämmerung abzuwarten, um 04.00 Uhr gingen wir mit den Maschinen an und haben mit Kurs 280 Grad die Enge Alta-Vela-Beata passiert. Als wir durch die Enge waren, wurden sofort die restlichen Torpedos vom Oberdeck umgeladen.
Am 10.06.1942 stand das Boot im Karibischen Meer zwischen Jamaica und Haiti. Wir laufen nach Westen und haben am 10.06. um 09.30 Uhr - alle deutscher Zeit - das Feuer von Narassa in Sicht, alles friedensmäßig.
Am 13.06.1942 sind wir an Quitasuena Feuer vorbeigegangen. Wir haben eine sehr große Hitze in diesem Gebiet, die Dieselzuluft beträgt 70 Grad. Die Motoren bringen wegen der Überhitzung nur halbe Fahrt. Im Boot unerträglich heiß, der Schweiß läuft aus allen Poren, klatschnaß, nur mit Badehose und Segeltuchschuhen sind die Männer bekleidet. Gegessen wird wenig, getrunken nur, was der Kommandant an Süßwasser freigibt. Bei dieser unmenschlichen Hitze müssen die Waffen gereinigt und gefechtsklar gehalten und die Torpedos geregelt werden. Im Dieselraum bei einer Temperatur von 50-60 Grad ist das Leben alles andere als erträglich. Reparaturen wurden vom technischen Personal durchgeführt, der Smut in seiner quadratmetergroßen Kombüse hatte es besonders schwer.
Wenn ich im Gegensatz zu diesen Wetterverhältnissen an den Nordatlantik denke, hatten die Bootsbesatzungen es hier doch noch besser. Die Boote, die die eisigen Winterstürme zwischen Jan Mayen und Island abritten, mit kleineren Booten, waren schlimm dran. Bei Seegang 6-8 flogen die Männer, wenn sie nicht festgebunden waren, aus ihren Kojen. Mit einem dieser Boote machte ich 2 8-Wochenfahrten in diesem Gebiet, Waffeneinsatz war bei diesem Wetter nicht möglich. Die Kommandanten blieben nur so lange über Wasser, bis die Batterien aufgeladen und die Luftflaschen voll waren.
Fahren Sie mal 4 Stunden auf einem Rummelplatz mit der Achterbahn, angegurtet, durchnäßt wie ein Fisch im Wasser mit einer völlig vereisten Bekleidung, dann können Sie sich ungefähr vorstellen, wie den Seeleuten zumute war.
Aber weiter auf U. 172. Bis zum 14.06.1942 Prüfungstauchen und kleinere Arbeiten an Bord. Wir waren immer noch in der Karibischen See, nördlich von Colon und hatten um 02.00 Uhr einen Dampfer in Sicht. In der Dämmerung herangestaffelt und ausgedampft.
Unser Gegner zackte sehr stark und lief 12-13 Sm/h, Doppelschuß aus Rohr II und IV: Rohr II Fehlschuß, Rohr IV Rohrläufer, Ausstoßventil öffnet sich nicht. Gegner muß uns gesehen haben, zackt stark, wechselt Fahrstufen. Um 07.40 Uhr Zweierfächer, beide Aale gehen vorbei. Fehlschüsse ungeklärt, Unterlagen stimmten. Um 08.00 Uhr wieder

vorgesetzt, nochmals ausgedampft, Gegnerfahrt 13 Sm/h. Um 08.50 Uhr Schuß aus Rohr V: Treffer im Achterschiff, Dampfer setzt Boote aus und gibt U-Boot-Warnung auf 600-m-Welle und Standort. Ein Erzdampfer „Lebore" von New York nach Colon, 8.289 BRT, der nach dem Treffer nicht sank. Wir mußten mit Artillerie Luftlöcher ins Oberdeck schießen, er sackte achtern tiefer, aber ging nicht unter Wasser.

Wir mußten den Dampfer schnell von der Wasseroberfläche verschwinden lassen, die Luftgefahr für das Boot war groß. Torpedoschuß aus Heckrohr, Treffer im Maschinenraum, Dampfer sackt tiefer und kentert, treibt kieloben. Das Achterschiff unter der Wasseroberfläche, Vorschiff noch hoch heraus. Mit der Kanone haben wir 12 Schuß in den Schiffsboden gesetzt und den Dampfer entlüftet, um 12.30 Uhr ist er gesunken.

So etwas Hartnäckiges von einem Schiff haben wir in den folgenden Unternehmungen nicht mehr erlebt.

Bis zum 15.06.1942 hatten wir mehrere Male Flugzeuge und mußten unter Wasser. Um 16.30 Uhr sahen wir eine Rauchwolke und sind darauf zugedreht, nach einer halben Stunde kamen die Mastspitzen über die Kimm, und wir haben uns vorgesetzt.

Wir gingen zum Angriff unter Wasser, der abgesandte Torpedo traf den Maschinenraum. Das Schiff brach auseinander und ist sofort gesunken. Es war der norwegische Frachter „Bennestvet", 2.438 BRT. mit allgemeinem Frachtgut von New Orleans nach Colon. Die Decksladung bestand aus Benzinfässern. Leider ist die Hälfte der Besatzung mit allen Offizieren ertrunken.

Am 16.06.1942 steuerten wir die Küste von „Puerto-Limon" an, zur Regelung eines Torpedos legten wir uns auf Grund und kontrollierten mit unseren Horchgeräten den Hafenverkehr. Am 17.06.1942 um 05.30 Uhr aufgetaucht, an den Hafen Puerto-Limon herangelaufen. Um 07.00 Uhr stehen wir eine Seemeile vor der Einfahrt, Pier und Reede leer, Feuer gelöscht, helle Beleuchtung auf der Pier, abgelaufen.

Am 17.06.1942 hatten wir bis zum Nachmittag dreimal Alarmtauchen vor Flugzeugen, wir wurden nicht gesehen, schwache Abwehr.

Um 20.30 Uhr dieses Tages eine Rauchwolke über der Kimm, zugelaufen, Tanker mit Kurs Colon, wir liefen vor und ließen uns sacken, Dampfer zackt stark. Angriff angesetzt, das Wetterleuchten ist so stark, daß man sekundenlang geblendet wird. Um 03.50 Uhr Schuß aus Rohr II, Fehlschuß, Dampfer hat uns gesehen und dreht wild zackend ab. Torpedoschuß erscheint wenig erfolgversprechend, Dampfer mit Artillerie angegriffen, Entfernung 3000 m. Nach dem ersten Schuß Volltreffer in der Brücke, mit 40 Schuß in Brand geschossen, bleibt inmitten einer großen Petroleumfackel liegen. Es ist der amerikanische Tanker „Motorex", 2000 BRT, mit Petroleum von Tuxpan nach Panama. Abgelaufen. Um 22.30 Uhr kam ein 4-Schornsteinzerstörer auf uns zu, sofort getaucht und abgelaufen, Zerstörer lief vorbei. Unter

Wasser Reparaturarbeiten am Dieselverdichter und der Technik. Oben war schlechtes Wetter und eine steile Dünung, kaum waren wir wieder oben, kam ein Angriff von einem Flugboot, Alarmtauchen und gleich darauf 4 Fliegerbomben, keine Schäden.
Am 23.06. lief uns im Planquadrat EB 82 26 ein 2-Mastschoner entgegen. Es kam zu einer unschönen Begegnung, die noch im Jahre 1984 zu Auseinandersetzungen führte (siehe Kriegstagebuch und Briefwechsel).

Version des Marineattachés von Bogota

Kolumbianischer Schoner RESOLUTE versenkt am 23. Juni um 09.00 Uhr durch ein deutsches U-Boot. - Das Boot wurde von dem U-Boot gestoppt und nachdem es die Kolumbianische Flagge gesetzt hatte, mit Maschinen-Kanonen von den Deutschen beschossen. - 6 Männer an Bord wurden getötet und 3 verwundet.

Aussagen der Überlebenden gegenüber der amerik. Marine, am 03. Aug. 42

Betrifft Schoner RESOLUTE. Versenkt auf dem Wege von Cartagena nach San Andres am Morgen des 23. Juni. Der Schoner sah das U-Boot und hißte die Kolumbianische Flagge. Das U-Boot kam sehr nahe heran und eröffnete ohne Warnung das Feuer mit seinen Maschinen-Kanonen und beharkte das Deck. Dieser Attacke folgte eine zweite mit drei Handgranaten.
Ein Rettungsboot wurde zu Wasser gebracht und Passagiere und Besatzung, alle noch lebend, verließen den Schoner mit ihm. Das Rettungsboot wurde danach mit Maschinen-Kanonen beschossen. Aber der Angriff wurde nicht fortgesetzt, vielleicht weil der Kommandant des U-Bootes glaubte, daß keine Personen im Boot mehr lebten. - Von den ursprünglich 12 Passagieren und Besatzungsangehörigen überlebten 4 Personen. - Es wird angenommen, daß es ein deutsches U-Boot war, weil man gehört hat, daß an Bord Deutsch gesprochen wurde. Außerdem konnten die Überlebenden aus zahlreichen vorgelegten Bildern verschiedener U-Boots-Typen aller Nationen das unmarkierte Bild eines deutschen U-Bootes herausfinden. -

Stellungnahme Emmermann vom 06.12.84

Die mir übersandte Kopie der Darstellung der US-Navy ist inhaltlich falsch, wie Sie aus meinem KTB unschwer entnehmen können. - Die nicht auszumachende, verschmutzte Flagge wurde vom Segler erst nach unseren Warnschüssen vor den Bug des Seglers gesetzt. Auf 600-m-Welle wurde weitergefunkt. - Ein Rettungsboot haben wir nicht gesehen, geschweige darauf geschossen, diese Unterstellung muß ich energisch zurückweisen.

Bis zum 01.07.1942 stand das Boot im Karibischen Meer nordöstlich Colon (Panamakanal) bis südlich Haiti; mehrere Flugboot-Anflüge, aber keine Bomben, in diesem Seeraum alles verhältnismäßig friedlich. Im Mai und Juni 1942 wurden allein in der Karibischen See 148 Schiffe mit 750.000 BRT. versenkt.

Die Amerikaner führten das Konvoysystem ein, und die Sache wurde für die U-Boote gefährlicher.
Das Boot stand südlich der Mona-Passage und hatte bis zum 04.07. mehrere Flugbootanflüge, denen wurde durch Tauchen aus dem Weg gegangen.
Wir mußten Brennstoff sparen, waren schon 60 Tage auf See, die Verpflegung reichte aus. Wir lagen in der Nacht oft gestoppt, und am Tag machten wir mit einer Maschine kleine Fahrt.
Am 09.07.1942 00.00 Uhr lag das Boot bereits im Westatlantik. Wir hatten den Rückmarsch angetreten.
Um 12.20 Uhr Mastspitzen in rechtweisend 90 Grad, Dampfer kam auf uns zu. Kreiselkompaß ausgefallen. Mit Magnetkompaß weitergelaufen. Dampfer ausgedampft, Boot gewinnt durch Höchstfahrt keinen Raum.
Dampfer kommt höher herauf, getaucht zum Unterwasserangriff. Doppelschuß aus Rohr III und IV, nach 45 s Treffer Mitte Maschinenraum, Dampfer verliert sofort seine Fahrt, der zweite Schuß vorn vorbei. Besatzung geht in die Boote. Abgelaufen und in die Nähe der Boote gegangen.
Um 16.45 Uhr aufgetaucht und mit der 10.5-cm-Kanone das Heckgeschütz des Dampfers beschossen.
Amerikanischer Damfer ,,Santa Rita", 8.400 BRT. Grace Line, New York, von Suez über Kapstadt nach Boston und New York. Ladung Gold- und Kupfererz, Asbest, Corundum, deutsche und italienische Beutetanks. Neues Schiff, seit September 1941 in Dienst. Höchstfahrt 17,5 Sm/h. Bewaffnung ein 15-cm-Geschütz, 4 schwere MG's, gepanzerte Brücke.
Kapitän Stephenson als Kriegsgefangenen an Bord genommen. Um 17.00 Uhr geht ein Sprengkommando von einem Offizier, zwei Unteroffizieren und zwei Obergefreiten an Bord der ,,Santa Rita". Segelanweisungen, Geheimmaterial und gesamte Kartenausrüstung übernommen.
Um 20.30 Uhr Dampfer mit Sprengladung versenkt.

Am 10.07.1942 um 11.24 Uhr Funkeingang: ,,An Emmermann, gut gemacht."
Ehe das Schiff gesprengt wurde, karrten wir mehrere Schlauchbootladungen Beute herüber. Alles, was uns gut erschien, wurde von der Bordwand des Dampfers in die Schlauchboote geworfen. Lederzeug, Trockenrasierer, Unterwäsche, Seife usw.. Für den gefangenen Kapitän Stephenson mußten wir laut Winkspruch eine Kiste Zigarren aus seiner Kabine mitbringen. Am nächsten Tag wurden aus dem Beutegut 48 Packen zusammengeschnürt, für jeden Besatzungsangehörigen eins. Wir veranstalteten eine Tombola, jedes Los gewinnt, alle Männer bekamen was ab. Die Männer, die ein Päckchen Seife gewannen, freuten

sich besonders, sie hatten ein Mitbringsel für zuhause, wenn sie auf Urlaub fahren. Das Boot ist auf dem Rückmarsch, noch 11 Tage, dann sind wir im Bunker. Diese Tage vergingen in Über- und Unterwasserfahrt, bis wir am 21.07.1942 um 15.00 Uhr in der Biskaya vom Geleit aufgenommen wurden.
Um 16.00 Uhr sind wir in den Hafen von Lorient eingelaufen und haben im Bunker A 2 festgemacht.
Ergebnis der Unternehmung: 8 Dampfer = 41.751 BRT.

Auszüge aus:
Marine Abteilung
Büro des Chefs der Operationsabteilung Marine, Washington.

Zweite Fahrt von U.172

Irgendwann nach dem 20. Mai 1942 lief U.172 von Lorient allein zu seiner zweiten Fahrt aus, welche angeblich 10 Wochen gedauert hat. Die Mannschaft nannte diese Fahrt Karibikfahrt, die sehr erfolgreich war. Die Fahrt durch die Biskaya war ereignislos, und auf dieser Fahrt wurde U.172 kein einziges Mal angegriffen.
Die Offiziere dieser Fahrt waren:
Kommandant Kapitänleutnant Carl Emmermann
Erster Offizier Oberleutnant z. S. Heinz-Günther Scholz
Zweiter Wachoffizier Oberfähnrich Hermann Hoffmann
Leitender Offizier Oberleutnant (Ing.) Lothar Dick
ATHEL KNIGHT
Der erste Erfolg für das Konto von U.172 war der 8940-Tonnen schwere britische Tanker ATHEL KNIGHT. Das Schiff wurde am 26. Mai 1943 torpediert. (O.N.I. Anmerkung: Er ging ungefähr in Position 28 N.-46 W unter).
UNBEKANNTE VERSENKUNG
9 Tage später, am 4. Juni, beansprucht Kapitänleutnant Carl Emmermann die Versenkung eines 5000-Tonnen-Frachters, welchen er weder mit Namen, Typ noch Nationalität identifiziert.
Es wird keine Versenkung aufgeführt in dem Gebiet, in dem sich U.172 an diesem Tag aufgehalten haben könnte. Dies ist die erste von mehreren fragwürdigen Behauptungen des außerordentlich erfolgreichen Emmermann.
DELPHINA
Am 5. Juni erfolgte die Versenkung des amerikanischen Frachters DELPHINA (O.N.I. Anmerkung: DELPHINA sank in Position 20° 20' N.-67° 07' W.). Emmermann beanspruchte 3500 Tonnen für dieses Schiff, welches mit 3480 Tonnen registriert ist.
SICILIEN
Zwei oder drei Tage später torpedierte und versenkte U.172 SICILIEN und beanspruchte 1650 Tonnen für sein Konto. (O.N.I. Anmerkung: SICILIEN, ein Transporter der U.S.-Armee von 1653 Tonnen, wurde gegen 22.00 Uhr des 7. Juni 1942 vor San Juan, P. R., versenkt (das

U-Boot verzeichnete wegen des Zeitunterschiedes diesen Vorfall am 8. Juni).

LEBORE

Der amerikanische Frachter LEBORE war das nächste Opfer von U.172. Er wurde erfolgreich angegriffen und sank am 14. Juni, und weitere 8243 Tonnen wurden dem Konto des U-Bootes zugefügt. (O.N.I. Anmerkung: LEBORE sank in Position 12° 53' N.-80° 40' W.; er wurde mit 8289 Tonnen aufgeführt).

BENNESTVET

Am nächsten Tag versenkte U.172 den norwegischen Frachter BENNESTVET und Kapitänleutnant Emmermann fügte seinem Konto 2438 Tonnen zu. (O.N.I. Anmerkung: Diese Versenkung geschah in Position 10° 47' N.-82° 12' W.).

MOTOR EX

Zwei bis drei Tage später beanspruchte U.172 die Versenkung eines 3500-Tonners. Es verzeichnete das Schiff als MOTOR-REU, unter amerikanischer Flagge fahrend (O.N.I. Anmerkung: Es scheint sich um den britischen Tanker M/T MOTOR EX von 1958 Tonnen zu handeln, welcher am späten 17. Juni 1942, nachdem er von zwei U-Booten beschossen worden war, in Brand geriet und sank. Wieder ist der Zeitunterschied zwischen deutscher Zeit und Ortszeit für die unterschiedlichen Zeitangaben verantwortlich!).

SANTA RITA

U.172 trat die Rückfahrt an, der Kurs führte nach Lorient. Es verließ die Karibik und hatte ein Viertel des Weges hinter sich gebracht, als es den amerikanischen Passagierfrachter „Santa Rita" am 09. Juli 1942 torpedierte. Das U-Boot hatte noch 2 Torpedos, von denen einer angeblich beschädigt war. Der andere stoppte die Santa Rita und führte dazu, daß sie verlassen werden mußte. Es scheint, daß die Geschützbedienung das Schiff verließ, bevor der Kapitän es befahl. Als die Santa Rita verlassen war, befahl Kapitänleutnant Emmermann seinem zweiten Wachoffizier (Oberfähnrich z. See Herrmann Hoffmann) und vier ausgewählten Männern, an Bord zu gehen, und nachdem sie das Schiff durchsucht und alles mitgenommen hatten, was irgendwie von Wert war und für die deutschen nützlich sein konnte, Sprengladungen zu legen. Angeblich wurden verschiedene Wertgegenstände mitgenommen, aber die Fahrt lohnte sich schon wegen einer Seekarte mit den Minensperren vor Capetown, Südafrika. Dann beorderte Emmermann den Kapitän der Santa Rita an Bord des U-Bootes und fuhr mit ihm als Gefangenen in Richtung Heimat. Letzterer wurde gut behandelt, genoß beträchtliche Freiheiten an Bord des U-Bootes und wurde ausführlich über die Situation in Kapstadt befragt. Unglücklicherweise waren seine Geheimhaltungsanweisungen erfolglos gewesen, denn er erwies sich nach Angaben der Besatzung von U.172 als sehr kooperativ und äußerst hilfreich seinen Fängern gegenüber, und er legte den Grundstein für den Erfolg ihrer nächsten Fahrt.

SANTA RITA sank, als die Sprengladungen explodierten, und U.172 verbuchte weitere 8.400 BRT. auf sein Konto.
Anmerkung: SANTA RITA ist als 8.379-Tonnen-Schiff eingetragen, die Überlebenden berichteten, daß ihr Schiff, nachdem es 31/2 Std. vorher torpediert wurde, mit Geschützfeuer versenkt wurde. Sie berichteten, daß geheime Unterlagen vorschriftsmäßig über Bord geworfen wurden, daß aber wahrscheinlich Dokumente der Geschützbedienung an Bord blieben. Dies und das Reden des Schiffskapitäns waren ein schwerwiegender Verstoß gegen die Sicherheitsbestimmungen.
Ende der Fahrt.
Die restliche Rückfahrt von U.172 nach Lorient verlief ohne erwähnenswerte Zwischenfälle.
Angeblich kam man Anfang August an. Auf dieser Fahrt wurde U.172 nicht versorgt, und man behauptete, kein anderes U-Boot getroffen zu haben. Die angegebene Tonnage belief sich auf 41.720 Tonnen.

III. Unternehmung

Am 19.08.1942 um 19.00 Uhr abgelegt zur dritten Unternehmung. Im Geleit Sperrbrecher mit U.504 bis Punkt L 12 und weiter im Geleit von 3 Minensuchbooten bis Außenpunkt -Kern -. Wir sind mit einer Geschwindigkeit von 14 Sm/h mit einem Diesel und einer E.-Maschine in die Biskaya gelaufen, wir hatten gutes Wetter und gute Sicht. Um 04.00 Uhr hatten wir die erste Panne, unser Funkmeßgerät war ausgefallen. Um 04.15 Uhr wurden wir aus dem Geleit entlassen, liefen rw 250 Grad und waren allein.
Wir tauchten sofort und fuhren in 30 m Tiefe. Um 20.43 Uhr sind wir aufgetaucht, um unsere Batterien zu laden und das Boot durchzulüften.
Die erste Feindberührung mit einem Flugzeug hatten wir um 20.50 Uhr, nicht gesehen, keine Bomben, keine Abwehr.
Bis zum 25.08.1942 hatten wir Alarm und Tiefensteuerübungen, Pflegen unserer Waffen und Regeln unserer Torpedos. Unser Smutje war in diesem Tagen der meistbeschäftigte Mann.
Um 17.55 Uhr F. T. Eingang: 1) Wilamowitz (Versorger), Poske, Emmermann, Hartenstein, Merten bilden Gruppe - Eisbär -. 2) In genannter Reihenfolge am 27.08. 12.00 Uhr im Aufklärungsstreifen stehen von Qu. NA 9645 nach 0566, Kurs 180 Grad, Etmal 150 Sm. 3) Wilamowitz ist nur Auge, bei Feindsicht absetzen und melden, kein Fühlungshalten.
Bis zum 26.08.1942 ging das immer hin und her, Feindmeldungen, Geleitzug und Einzelfahrer wurden gemeldet.
Am 01.09.1942 standen wir im Atlantik, nördlich Kap Verden, hatten gutes Wetter, wir mußten unseren Kurs weiterlaufen. Die Aufgabe, die wir hatten, ließ keine Kursänderung zu, die Besatzung war nicht über

das Ziel unserer Unternehmung unterrichtet. Wir hatten in den lezten 24 Stunden 190 Sm zurückgelegt. Um 19.25 Uhr hatten wir einen F. T. Eingang: Gruppe - Eisbär - ab 01.09. 24.00 Uhr Weitermarsch, einzelbootweise. -

Sämtliche Boote melden zwischen 0 und 5 Grad Nord Standort, Brennstoff und Lage, falls besondere Erfahrungen vorliegen. Jetzt gibt der Kommandant, Kapitänleutnant Emmermann der Besatzung bekannt, wo es hingeht. Wir haben Befehl, den Angriff auf Kapstadt und den von dort abgehenden Seeverbindungen zu eröffnen. Am 08.09.1942 marschieren immer weiter in den Südatlantik hinein, gleichzeitig läuft die Vorbereitung für die Äquatortaufe, sie soll ja am nächsten Tag stattfinden. Das Boot steht kurz vor der Linie, Seegang 2 und leichte Regenschauer, ein gutes Wetter für uns.
Das Boot stand am 09.09. um 14.00 Uhr 0 Grad Breite und 19 Grad 02 Minuten genau auf dem Äquator.
Nachdem Admiral Triton die Vorbesichtigung abgenommen hatte, kam SM Neptun mit seinem Gefolge an Bord.
Der Kommandant meldete SM Neptun die Täuflinge, die vom Schmutz der nördlichen Erdhälfte zu säubern waren. Jetzt lief nach alter Tradition und noch dazu gemachten Schikanen der ganze Zauber ab. Wir, auf einem U-Boot, sind in unseren Möglichkeiten begrenzt, aber jeder Täufling wurde bedient. Ein Täufling wird das nie vergessen. Zuerst die Rasur, zwischen Turm und Kanone, die Täuflinge wurden eingeseift und mit einem großen Holzmesser rasiert, die Haut, die da mit abging, war nicht so wichtig, Hauptsache der Bart war ab. - Eine Tortur!
Jetzt mußte jeder Täufling durch einen 4 m langen, eigens für die Taufe genähten und innen mit Fett eingeschmierten Sack. Von vorn und hinten bekam der Täufling noch mit dem Feuerlöschschlauch den nötigen Druck, um durchzukommen.
Jetzt standen die Männer, die diese Tortur hinter sich hatten, mit schwachen Knien an Deck und mußten eigens die im Dieselraum gedrehten, mit allen möglichen und unmöglichen Bestandteilen versehenen Pillen von der Größe einer Haselnuß runterschlucken. Das war die größte Sauerei, wie viele behaupteten.
Der Zeremonienmeister (Oberbootsmannsmaat Schmidt) stand mit einer großen Schere dabei und paßte auf, daß sich keiner wehrte. Das kostete einen neuen Durchschlupf durch den Sack und eine Locke aus dem Haar, bei manchen die halbe Haarpracht.
Wir hatten einen Offizier dabei, der wehrte sich mehrere Male, er wurde besonders lieblich behandelt.
Als alle durch waren, begann die Waschung mit Feuerlöscherschlauch und einer riesigen harten Bürste, danach verschwanden alle krebsrot unter Deck.

SM Neptun hatte ein gutes Herz und verordnete den Täuflingen unter Deck eine halbe Tasse Rum. Sie waren versöhnt, schworen aber Rache für das nächste Mal, wenn andere dran waren.

Äquatorlied

Neptun, Herrscher aller Meere,
aller Tümpel, Bäche, See'n,
fünfzig Mann sind angetreten,
Deinen Segen zu erfleh'n.
Wie sind allzumalen Sünder,
was die Seefahrt anbetrifft,
wenn wir auch schon manchen Hafen
glücklich haben angeschifft.
Doch nun sind wir ausgezogen
mit dem U-Boot aus Lorient,
das mit sieben bis acht Meilen
hurtig durch die Meere rennt.
Hab'n den Wendekreis verlassen,
sind zur Linie unterwegs,
wo die heiße Tropensonne
niederbrennt auf unseren Keks.
Tief ergriffen vom Äquator
und von Deines Geistes Licht
Bitten wir nun untertänigst:
„Verwehre uns die Taufe nicht!"
Und gib uns dann auch Deinen Segen,
für das U-Boot eins - sieben - zwo,
das es weiterhin erfolgreich,
ganz besonders vor Rio!

Die Äquatortaufe!!!

Im Dunkel der Nacht, die inzwischen begonnen,
kreischen die Trabanten in tausend Wonnen,
werfen die ersten zu Boden nieder
und kneten und brechen ihn seine Glieder
und schlagen mit Hämmern auf ihn ein,
das ist nicht fein...
Nachdem er windelweich geschlagen
gibt es auch etwas für den Magen:
Was aus den Kloaken der Hölle gefischt,
bekommt der Täufling aufgetischt.
Es wird ihm mit Zangen hineingepresset
das er sie fresset.
Dann rupft man ihm die Locken aus,
bricht auch etliche Zähne heraus
mit einem großen Eisenkanten
und reicht ihm den nächsten Trabanten,

wo dem Täufling noch manches geschieht,
was er gerne vermied...
...falls er es könnte, doch er kann es nicht,
denn jetzt packt ihn der üble Wicht
und wirft ihn in ein schwarzes Loch.
Er scheint schon tot, doch er röchelt noch,
drum tut man ihn unter 'nen Wasserstrahl,
der sehr fatal...
Und als er immer noch atmen kann,
da rücken zwei weitere Trabanten an,
die drücken ihn ins Becken nieder.
Erst als er streckt die gequälten Glieder,
und keine Blase mehr nach oben quillt,
ist die Lust gestillt...
Und so geht es einem nach dem anderen,
die alle durch die Taufe wandern,
das ganze Schiff ist erfüllt von Jammer,
das Oberdeck wird zur Folterkammer,
bis seine Majestät geruhen zu ermüden,
unter dem Kreuz im Süden.
Da ist das Drama doch beendet,
Neptun hat sich zur Reeling gewendet,
während die Trabanten böse grollen:
,,Wenn wir das nächste Mal welche verrollen,
dann werden wir den müden Haufen
kräftiger taufen!"...

Dies alles wurde natürlich unter größtem Sicherheitsverhalten durchgeführt, auf der Brücke und Turm waren alle Waffen besetzt, um keine Überraschungen von gegnerischen Streitkräften zu erleben. Als ich meine Taufe hinter mir hatte, mußte ich sofort auf die Brücke und meine Wache einnehmen, damit der Abzulösende dran kam. Mein Wachoffizier bog sich vor Lachen, alles war einfach filmreif. Am 12.09.1942 um 14.00 Uhr passierten wir die Insel Ascension mit Südkurs.
Wir standen im Südatlantik im Marinequadrat FM 5173, ein Wetter OSO 3, Seegang 2, 1024 mb.
Bei so einer Wetterlage kamen wir gut voran, konnten weit sehen und waren nicht so leicht überraschbar.
Um 03.30 Uhr ein Funkeingang. Gruppe Eisbär 13.09.1942 sofort zu Hartenstein U.156 nach Marinequadrat QU.FF 7721 gehen, hohe Fahrt. Was war passiert?
U.156 unter dem Kmdt. Kaptl. Hartenstein hatte den Passagierdampfer ,,Laconia" versenkt.
1800 in Nordafrika gefangene italienische Soldaten waren unter den 2732 Passagieren und viele Familien britischer Kolonialbeamter. Hartenstein, der von den im Wasser liegenden Schiffbrüchigen italienische

Stimmen hörte, begann in dem haifischverseuchten Gewässer sofort mit Rettungsmaßnahmen.
Der Kommandant ergänzte die Notrufe der Laconia sofort durch in englischer Sprache abgegebene Funksprüche. Er hoffte in der Nähe stehende Schiffe zur Hilfeleistung heranzuholen.
Unser Admiral Dönitz wurde sofort durch Funkspruch verständigt, er wies die beiden „U-Boote" - „U.506" und „U.507" zu Hilfeleistung an.
260 Schiffbrüchige waren bereits auf der „U.156" im Boot oder an Oberdeck. 130 Schiffbrüchige gab er an „U.506" ab, das gerade eintraf. Das zulaufende „U.507" übernahm weitere 170 Männer, Frauen und Kinder. Zahlreiche Schiffbrüchige saßen in Rettungsbooten, die von den „U-Booten" in Schlepp genommen wurden. Die Decks der „U-Boote" waren überfüllt, plötzlich erschien eine 4-motorige Liberator und umkreiste die Unglücksstätte, sie flog wieder ab.
Hartenstein hatte in der Zwischenzeit eine große Rotkreuzflagge am Boot gehißt.
Eine halbe Stunde später erschien der Bomber wieder und griff U.156 mit Bomben und Bordwaffen an. Ein rücksichtsloser Angriff, ohne auf die Schiffbrüchigen zu achten.
Alle drei Boote schossen nicht zurück, um die Menschen auf den Booten nicht zu gefährden. Alle drei Boote hatten Rettungsboote in Schlepp, das wurde von den angreifenden Bombern nicht zur Kenntnis genommen.
Von unserem Admiral Dönitz wurde die Vichy-Regierung in Frankreich alarmiert.
Von Dakar an der afrikanischen Küste wurden ein Kreuzer und zwei kleinere Hilfsschiffe sofort in Marsch gesetzt, um die Rettung zu beschleunigen. Hilfeleistung war dringend notwendig, um Menschenleben zu retten.
Nach englischen Angaben befanden sich auf diesem Hilfskreuzer, der eine Bewaffnung von 8 Geschützen, darunter 2 15-cm-Kanonen hatte und mit Flakwaffen, Wasserbomben und Asdicgeräten bestückt war, 436 Mann Besatzung, 268 Urlauber mit 80 Frauen und Kindern, 1800 italienische Kriegsgefangene und 160 polnische Gefangenenwärter aus Rußland an Bord.
Unser Admiral Dönitz erhielt durch Funkspruch von dieser Versenkung am 13.09.1942 um 00.12 Uhr Kenntnis.
Hartenstein funkte: Versenkt Brite - Laconia - 19.695 BRT., Marine-Quadrat FT 7721, 310 Grad. Leider mit 1500 italienischen Kriegsgefangenen. Bisher 90 gefischt, 157 cbm Dieselölvorrat, 19 Torpedos, Passart 3, erbitte Befehle.
Der Admiral traf eine Entscheidung, die den Grundsätzen des Seekrieges aller Nationen, wonach Kriegführen vor Retten geht, widersprach.
Das Genfer-Abkommen von 1907 legte den Grundsatz fest, Schiffbrüchigen zu helfen, wenn dadurch das eigene Schiff nicht gefährdet und

die Durchführung der militärischen Aufgaben nicht beeinträchtigt wird. Eine Ehrenpflicht, zu retten, wenn die militärischen Handlungen beendet sind. Wenn noch Kampfhandlungen im Gang waren, mußten Rettungen unterbleiben. (Die Ermessungsfreiheiten eines Kommandanten, ob die Kampfhandlungen abgeschlossen und beendet sind, zu beurteilen ist schwer). Diese Grundsätze gelten bei allen Marinen anderer Nationen. Unser Admiral Dönitz befahl die Rettung der Schiffbrüchigen, nachdem Hartenstein dem Admiral meldete, daß der Bomber ohne Gegenwehr der deutschen Boote angriff, untersagte der Admiral jegliche Hilfeleistung. Der amerikanische Brigadier, General Robert C. Richardson, Hauptquartier Paris, hat nach 21jährigem Schweigen am 04.08.1963 der „Sunday Express" erklärt: *Ich gab den Befehl, die Überlebenden der „Laconia" zu bombardieren. Wir wußten nicht, daß Briten sich unter ihnen befanden. Aber selbst, wenn wir das gewußt hätten, würde es keinen Unterschied gemacht haben. Ich würde den Befehl auf jeden Fall gegeben haben... Es war Krieg, und das U-Boot mußte vernichtet werden.*

Diese Äußerung des amerikanischen Generals, der sich auch heute noch dazu bekennt, 'beim Retten beschäftigte U-Boote im Krieg zu bombardieren, zeigt eindeutig, daß damals von deutscher Seite ein weiterer Einsatz von U-Booten zum Retten nicht mehr zu verantworten war'. (Dönitz)

Der U.S.-Flottenadmiral Nimitz erklärte als Zeuge im Nürnberger Prozeß: 'Nach allgemeinen Grundsätzen retteten die U-Boote der Vereinigten Staaten feindliche Überlebende nicht, wenn unnötige und zusätzliche Gefahr für das U-Boot daraus entstand oder das U-Boot dadurch behindert wurde, einen weiteren Auftrag auszuführen'.

Wir U-Bootfahrer der Kriegsmarine halfen in den ersten Kriegsjahren allen Schiffbrüchigen, wenn das Wetter es erlaubte, versorgten sie mit Trinkwasser, Lebensmitteln, Verbandszeug und sagten ihnen den nächsten Kurs zur Küste.

Die zunehmenden fürchterlichen Kämpfe auf See machten eine Rettung von Schiffbrüchigen unmöglich. Auf beiden Seiten! Ich erinnere mich an die Versenkung eines amerikanischen Handelsschiffes im Südatlantik; der Dampfer wurde von uns torpediert und sank. Die Besatzung des schnell auf Tiefe gehenden Dampfers konnte kein Rettungsboot abfieren und mußten mit Life-Belts ins Wasser. Life-Belt, ein völlig ungenügendes Rettungsgerät sah aus, als hätten sich die Seeleute Fahrradschläuche um den Leib gewickelt. Wir sahen ölverschmierte Seeleute an uns vorbeitreiben. Durch die hohe Gefahr, von Feindflugzeugen erkannt und angegriffen zu werden, tauchten wir und liefen unter Wasser ab. Die Gruppe Eisbär hatte bis zu 5 Grad südlicher Breite volle Angriffserlaubnis, südlich davon nur auf wertvolle Ziele, um das Überraschungsmoment für diese Operation auf Kapstadt nicht zu gefährden. Auf dieser Linie lag die Versenkung der Laconia. Am 12.09. wurde sie von Hartenstein versenkt.

Als die französischen Kriegsschiffe voll in die Rettung der Menschen eingegriffen hatten, die Boote von geretteten Menschen frei wurden, tauchten unsere Boote und liefen unter Wasser ab.
Unser Boot U.172 stand weit vom Ort des Geschehens entfernt, Wir konnten nicht mehr eingreifen und setzten, nachdem wir wieder auf Südkurs gegangen waren, unseren Marsch nach Süden fort.
Am 19.09.1942 standen wir südwestlich St. Helena, einer kleinen Insel im Südatlantik. Das Boot hatte gutes Wetter, wie in diesen Breiten üblich: OSO 2, Seeg. 2, bedeckt, 1026 mb, aber im ganzen eine helle Mondnacht.
Der normale Dienstbetrieb lief, eine Wache auf Station, die andere in den Kojen oder bei Freizeitgestaltung. Der Obr.Gefrt. Lindmoser, eine Mann aus der Ostmark, war ein erklassiger Schachspieler, er legte alle, die gegen ihn spielten, nach ein paar Zügen matt. Er freute sich sehr und verschwand wieder auf seine Station in den Dieselraum. Torpedos wurden geregelt, Waffen gereinigt, die Räume saubergemacht, Zeugdienst und alles, was so anfiel.
Am 22.09.1942 trafen wir U.459, unseren Versorger, sofort wurde eine Schleppverbindung hergestellt, Treiböl und Verpflegung übernommen. U.504 und U.68 kamen in Sicht, Erkennungssignal ausgetauscht und bei uns längsseits gelaufen.
Jetzt lagen wir mit 4 Booten in einem Rudel zur Versorgung zusammen. In dieser Region des Atlantiks waren wir vor Überraschungen durch Feindstreitkräfte so ziemlich sicher.
Die Kommandanten kamen auf unserem Boot zusammen und besprachen den Angriffsplan auf Kapstadt und die feindlichen Seeverbindungen der Kaproute. Die Überwachung in diesem Raum des Atlantiks durch feindliche Aufklärungsstreitkräfte war mager, sollte aber später zu unserem Leidwesen sehr schlimm werden. Als die Kommandanten der anderen Boote von Bord gingen, tauchten wir und liefen mit Südkurs ab.
Unser Kommandant Kapitänleutnant Emmermann schonte die Besatzung und ließ uns viel Freizeit, aber zu tun gibt es immer etwas, ich habe in dieser Zeit das Doppelkopfspiel gelernt! Der Smut, der Meist-Beschäftigte an Bord, bekam Freiwächter zur Unterstützung, der Obersteuermann Bonacker, holte mich in die Zentrale an den Kartentisch und sagte: „Mach mal was". Der Kurs mußte mitgekoppelt werden, der Obersteuermann nahm bei der Überwasserfahrt das Besteck und stellte unseren Standort fest. Wir fuhren ganz friedensmäßig Über- und Unterwasser.
Unser Kommandant trat der Langeweile entgegen und inszenierte ein Wunschkonzert an Bord.
Jedes Besatzungsmitglied konnte sich aus unserem Plattenvorrat ein Lied wünschen oder selbst durch die Lautsprecheranlage eines vortragen. Das gab einen Riesenspaß, Operdirektoren oder Manager hätten ihre helle Freude gehabt, wenn sie diese Stimmen gehört hätten.

Das Wunschkonzert wurde in zwei Teile zerlegt, erster Teil vor Kapstadt, zweiter Teil, wenn möglich, nach Kapstadt.
Dieses Wunschkonzert wurde bei der Überwasserfahrt durchgeführt, wir konnten das bei Unterwasserfahrt nicht machen. Feindliche Zerstörer hätten da mitgehört und mit Wasserbomben den Takt geschlagen. Auf so einen Dirigenten wollten wir auf jeden Fall verzichten, lebensmüde waren wir nicht.
Als erster kam unsere seemännische Nr. I Bts.Maat Erich Matuzak ans Mikrophon. Er sang nach der Melodie...Eine Seefahrt die ist lustig... Ein Auftakt nach Maß...

Eine U-Bootfahrt ist lustig,
eine U-Bootfahrt ist schön,
denn da kann man die Biskaya
mal von unten sich beseh'n.
Unten ist es gar nicht häßlich.
Fischchen ziehen ihre Bahn,
und zum Mittag und zum Kaffee
liegen Wasserbomben an.
Manchmal steigt man auch nach oben,
um die Wolken anzuseh'n,
dann kommt gleich ein kleiner Flieger,
Kinder ist das wunderschön!
Denn dann knallt es auf der Brücke,
Bomben rasseln in die See,
und das Boot macht eine Ente,
Schwänzchen niedlich in die Höh'.
Und so geht es lustig weiter,
durch die Wellen man sich schleicht.
Ewig, ewig unter Wasser,
bis man freie See erreicht.

So kam jeder dran, ob er wollte oder nicht, gesungen wurde auf jeden Fall. Ob persönlich oder von Platte.
Die erste Hälfte unseres Wunschkonzertes ging langsam zu Ende.
Wir wußten, daß jetzt am Ende des Südkurses, den wir liefen, der Ernst des Krieges auf uns zukam.
Aus dem unüberwachten Loch, im Atlantik, liefen wir wieder in die Überwachungszone ein.
Die Umstellung fiel vielen Männern nicht leicht, aber wenn wir uns in unserem Boot umsahen, Torpedos, Munition und Waffen, dann wußten wir, daß der Ernst des Krieges für alle eine Tatsache ist.
Die Funker saßen wie immer an ihren Geräten, Torpedomixer regelten ihre Aale, das technische Personal überwachte seinen Bereich, Seeleute prüften und hielten ihre Waffen in Ordnung. Was kommt an der Südspitze Afrikas vor Kapstadt auf uns zu? Wir Unteroffiziere, die wachfrei hatten, saßen im U-Raum und diskutierten über unsere Unterneh-

mung, was erwartet uns an diesem Drehpunkt der alliierten Schiffahrt. Wir wußten, daß wir Minengürtel zu überwinden hatten. Geht das gut oder erhalten wir einen Treffer? Wir sollten es bald erfahren.

Am 24.09.1942 gingen wir in einem großen Bogen auf Kapstadt zu. Jetzt setzte der harte Borddienst ein, keine Freizeit mehr, harte Kriegswache wurde gegangen: Alle Stationen voll besetzt, alle Waffen klar und größte Aufmerksamkeit auf allen Stationen. Am 27.09.1942 um 11.25 Uhr hatten wir einen Dampfer, 6-7000 BRT., mußten ihn aber wegen Angriffsverbot laufen lassen. Angriffstermin war der 08.10.1942 00.00 Uhr, wir hatten noch Zeit, den Schiffsverkehr zu beobachten. Alle Boote mußten auf ihrem Angriffspunkt stehen, um gemeinsam loszuschlagen.
Südafrikanische und deutsche Minensperren mußten wir umgehen und den Ein- und Ausmarschweg der feindlichen Dampfer ausmachen. Am 04.10. um 04.30 Uhr konnten wir das friedensmäßig betriebene Funkfeuer in halbstündigen Peilungen aufnehmen.
Im Unterwassermarsch hatten wir den Leuchtturm Cap Columbine, rechtweisend 82 Grad durch das Seerohr in Sicht.
Fischerfahrzeuge und kleine Bewacher waren hier in diesem Gebiet laufend unterwegs. Die Südafrikaner hatten hier noch keine Berührung mit deutschen U-Booten, sie waren ziemlich sorglos. 19.25 Uhr tauchten wir auf, mit Kurs 180 Grad etwas abgelaufen. Eine sehr klare Nacht, die Sichtweite betrug ungefähr 20 Sm. Vor der Saldanha Bucht konnten wir eine Scheinwerferübung über Kapstadt beobachten.

Am 05.10. standen wir südw. Cap Saldanha: Unser Kommandant hatte die Absicht, durch eine vorher erkundete Minensperrlücke auf die Reede vorzudringen, um dort zwei Tage den Verkehr zu beobachten. In der Houtjes Bay lag ein Zweischornsteindampfer von etwa 15.000 BRT., ein modernes Sicherungsboot stand auf und ab. Am 06.10.1942 00.00 Uhr waren wir in Kapstadt, Reede. Feuer von Robben-Island in Sicht, unser Kommandant ging weiter hinein. Keine Verdunkelung in der Stadt, friedensmäßiger Anblick. Mehrere kleine Fahrzeuge von Robben-Island nach NW ablaufend, anscheinend Fischerfahrzeuge. Sonst kein Verkehr festgestellt. Um 03.00 Uhr starke Ortung von Land, stark an- und abschwellend. Getaucht und in 85 m auf Grund gelegt.
Um 12.28 Uhr vom Grund gelöst und auf Seerohrtiefe gefahren. Die Reede war leer bis auf zwei kleinere Dampfer im südlichen Teil, Nähe Wellenbrecher.
Jetzt begann stärkster Durchgangsverkehr. Etwa 4 große Dampfer einlaufend, 5 Dampfer auslaufend.
Dampfer setzen vor Passieren der Enge Bezeichnungssignal, einer der Bewacher übergibt Hafenlotsen.

Am 08.10.1942 um 00.00 Uhr begann mit den Booten U.172 (Kapitänleutnant Emmermann), U.159 (Kapitänleutnant Witte), U.68 (Korvettenkapitän Merten) und U.504 (Korvettenkapitän Poske) der Angriff auf den Schiffsverkehr vor Kapstadt.
Alle Boote eröffneten zu gleicher Zeit den Kampf.
Uns lief zu dieser Zeit ein Dampfer direkt vor die Rohre, unser Kommandant mußte sofort schießen, damit er uns nicht weglaufen konnte. Doppelschuß aus Rohr II und IV, Entfernung etwa 700 Meter. Erster Treffer Vorderschiff, zweiter Treffer Achterschiff. Hohe Detonationswolke, achtern Brennstoffexplosion. Dampfer sinkt schnell über den Achtersteven. Kein Funkgebrauch.
Amerikaner „Chickasaw", 6200 BRT. von Kapstadt nach New York mit Ballast.
Um 08.15 Uhr ein Dampfer in rechtweisend 250 Grad, Fahrt 14 Seemeilen, vorgesetzt. Getaucht zum Unterwasserangriff. Doppelschuß aus Rohr V und VI, 2 Treffer, starke Detonation, Dampfer sinkt sofort, aufgetaucht.
Dampfer „Firethorn", 6000 BRT., Heimathafen Panama, von New York nach Kapstadt, Stückgut und Flugzeugteile.
Kriegstagebuch: 08.10.1942, 00.00 Uhr, Südatlantik, etwas westlich von Kapstadt.
Wir, U.172, standen 3406 Süd und 1703 Ost. Um 00.10 Uhr kam uns ein Dampfer mit gesetzten Laternen direkt vor die Rohre. Ein normaler Frachter, auslaufend aus Kapstadt, Fahrt 8 Seemeilen, zum Angriff vorgesetzt. Schuß aus Rohr I: Treffer nach 23 sec. im vorderen Laderaum. Sehr hohe Sprengwolke, Dampfer schneidet mit der Back unter und geht in Sekunden auf Tiefe. Keine Überlebenden. In der Nacht sind wir noch mehreren Fischerfahrzeugen ausgewichen und haben uns mit Kurs 270 Grad abgesetzt. Bis 11.49 Uhr mußten wir noch zweimal durch Flugzeuge im Alarmtauchen unter Wasser. Um 19.20 Uhr hatten wir plötzlich Schraubengeräusche von zwei Zerstörern, die Zerstörer liefen abwechselnd an und stoppten. Gleich darauf Asdic-Impulse, Schleichfahrt befohlen. Schleichfahrt: Völlige Ruhe im Boot, keiner bewegt sich, Tiefen- und Seitenruder auf Hand umgestellt, Kreiselkompaß abgeschaltet, eine Maschine stopp! Wir konnten im Boot beide Verfolger gut hören, Anlauf von einem Zerstörer und gleich darauf 6 Wasserbomben, die sehr nahe lagen. Beleuchtung fiel aus, Notbeleuchtung sprang an. Bei dem guten Wetter hatten die Horcher in den Zerstörern gute Arbeitsbedingungen. Angriff auf Angriff erfolgte, immer Serien von 6 Wasserbomben wurden geworfen. Das Boot wurde bös durchgeschüttelt, Wasserstandsgläser platzten laufend. Riesenschläge trafen das Boot, eine nicht endend wollende Kanonade, alles ruhig, wir fuhren schon lange unter Wasser und der Sauerstoff wurde knapp.
Der Kommandant fuhr Ausweichbewegungen, ging mit der Fahrt rauf und runter, wir alle schwitzten. Wann hörte das auf, bekommen wir einen Treffer? Unser II. Zentralemaat Schuy lief mit dem Sauerstoff-

prüfgerät von Raum zu Raum, die Besatzung lag auf den Flurplatten und atmete durch Kalipatronen. Wieder Wasserbomben, sehr naheliegend, aber keine Schäden, das war unser Glück. Unser Kommandant schlenzte das Boot in der Ruderlage von Backbord nach Steuerbord, um den Zerstörern zu entgehen, das glückte. Sie verloren uns, der Kommandant legte das Boot in 80 m Wassertiefe auf Grund.
Der Sauerstoff wurde knapp, wir atmeten schwer. Drei Stunden blieben wir unten liegen, keine Schraubengeräusche von den Zerstörern. Wir mußten hoch, die Erstickungsgefahr war zu groß. Der leitende Ingenieur löste das Boot vom Grund, wir stiegen langsam, aber stetig nach oben. Als wir auf Seerohrtiefe von 15 Metern angekommen waren, merkten wir, daß sich das Boot leicht bewegte, also schlechtes Wetter, eine stürmische See. Etwas Besseres konnte uns nicht passieren, das Wetter hatte die Zerstörer zum Abdrehen gezwungen, sie hatten uns endgültig verloren. Um 20.30 Uhr war das Boot raus und an der Oberfläche, sofort durchgelüftet. Wir liefen mit Kurs 220 Grad ab. Am 10.10.1942 09.10 Uhr schlechtes Wetter, Regenböen mit Seegang 4-5, die Sichtverhältnisse 1-2 Seemeilen. Um 09.15 Uhr Dampfer in Sicht, kommt aus einer Regenbö hoch heraus, läuft 14-15 Seemeilen Geschwindigkeit. Ein großer Passagierdampfer. Der Kommandant setzte das Boot sofort vor, Regenböen ließen den Dampfer immer wieder verschwinden. Wir tauchten, um durch Horchpeilung den Kurs des Dampfers festzustellen. Die Horchpeilung lag bei 90 Grad, sofort aufgetaucht und nachgestoßen. Dampfer in 3000 Meter in Sicht und in Regenböen immer wieder verschwindend. Der Kommandant ging, obwohl es hinter uns aufklarte, näher ran. Die Gefahr des Gesehenwerdens war groß. Getaucht zum Unterwasserangriff, bei diesem Seegang ist das Boot nur mit großer Fahrstufe auf Seerohrtiefe zu halten. Um 10.28 Uhr Doppelschuß aus Rohr I und III: 1. Treffer vorderer Laderaum, 2. Treffer achterer Laderaum, 1. Fangschuß aus Rohr II, Treffer im Achterschiff. Dampfer setzt Boot aus, voll besetzt. Ein Boot schlägt beim Wegfieren (zu Wasser lassen) um, alle Insassen gehen von der hohen Bordwand ins Wasser. Die Briten sind erstklassige Seeleute, sie hatten die gesamte Rettungsaktion im Griff. Unser zweiter Torpedofangschuß war ein Versager, der Torpedo ging, als er das Rohr verlassen hatte, sofort auf Tiefe. Bei uns im Boot von „U.172" wurden die Reservetorpedos in höchstem Tempo nachgeladen. Unser Funkmaat hatte keine Schraubengeräusche im Horchgerät, wir tauchten sofort auf. Über Wasser der erste Rundblick, der Dampfer steht in 3000 Meter Entfernung, sofort Artilleriebeschuß. Der Dampfer dreht langsam ab und läßt die Rettungsboote liegen, versucht mit langsamer Fahrt die Flucht. Auf der 600-m-Welle ein Dauerton, er holt die Luftüberwachung heran, unser Funkmaat stört sofort.
Jetzt ist für uns Eile geboten, wir wollen in kein Gefecht mit Flugzeugen verwickelt werden. Dritter Fangschuß aus Rohr III, Treffer im Achterschiff. Vierter Fangschuß aus Rohr I, Treffer im Maschinen-

raum. Fünfter Fangschuß aus Rohr VI, Treffer im Vorschiff. Dampfer legt sich schnell nach Steuerbord über und sinkt in 3 Minuten. Dieser Dampfer war die „ORCADES". Um 13.00 Uhr dieses Tages war ihr Schicksal besiegelt. Ein Schiff der „Orient Steam Navigation Co.", der als Truppentransporter von den britischen Streitkräften im Orientverkehr eingesetzt war. Die Fertigstellung des Schiffes war 1936, 23.371 BRT. groß, ihr Untergang ein schwerer Verlust für Großbritannien. Durch das schlechte Wetter haben wir den in der Nähe stehenden polnischen Dampfer „Narvik" nicht gesehen, ein Glück für dieses Schiff und die Besatzung der „ORCADES". Was ging auf diesem Dampfer vor sich? Die „ORCADES" wurde von Mr. C. Fox als Kapitän geführt, ein lang gedienter Seemann. Er war über seine vorgesetzten Dienststellen in Kapstadt verärgert, die ihm seinen ausgearbeiteten Kurs entlang der afrikanischen Küste verweigerten. Verantwortlich für 500 Besatzungsangehörige und 800 Passagiere hätte er das gern durchgesetzt. In erster Linie waren es Soldaten, die vom mittleren Osten in die Heimat gingen, dazu Frauen und Kinder von Beamten und Soldaten; ein paar richtige Passagiere: Geschäftsleute und indische Seemänner, die in England ein neues Schiff besetzen sollten. Es war keine leichte Sache, eine derartige Verantwortung zu tragen, es war Krieg!

Es war für den Kapitän Mr. Fox eine klare Beruhigung, daß unter den Passagieren Offiziere und Mannschaften der Royal Navy waren, die im Ernstfall eine große Hilfe bedeuteten. Der Kapitän setzte, wie es in der Seefahrt üblich ist, eine Rettungsboot-Übung an, Rettungsboote wurden durch die U-Boot-Gefahr nicht abgefiert, es lief alles zur vollen Zufriedenheit. Der Kapitän saß mit seinen Offizieren und den eingestiegenen Offizieren der Royal Navy in den Brückennocken und unterhielt sich über den Heimmarsch. Es war der 10.10.1942, trübes leicht stürmisches Wetter, diesig, schlechte Sicht. Es war 10.28 Uhr, als drei Torpedos die Rohre von U.172 verließen und mit schmetternden Explosionen in die Bordwand der „ORCADES" einschlugen. Das Schiff war schwer angeschlagen, aber noch schwimmfähig; nur das Vorschiff und das Heck aufgerissen, Steuer und Ruderanlage ausgefallen, zwei Schmierer tot. „Kessel und Maschinenanlage sind intakt, wenn kein neuer Treffer kommt, können wir glatt den nächsten Hafen erreichen", meldete der leitende Ingenieur. Rettungsboote wurden zu Wasser gelassen, um die Besatzung und Passagiere nicht zu gefährden. In dieser Zeit wurden auf U.172 bereits Torpedos für einen neuen Angriff nachgeladen. Auf der Orcades gingen die Rettungsarbeiten weiter, der Kapitän wußte, daß noch Torpedos kamen, es mußte alles schnell gehen. Als die Rettungsboote sich abgesetzt hatten und nur noch 50 Seeleute freiwillig an Bord blieben, kamen in schneller Reihenfolge noch 3 Torpedos, die an der Steuerbordseite einschlugen. Das Schiff war nicht mehr zu retten, es legte sich nach Steuerbord über und sank schnell über den Vordersteven.

Die Ladung der ORCADES bestand zu einem Teil aus Apfelsinen, diese Apfelsinen kamen durch die Lecks, die die Torpedos schlugen frei und übersäten die See. Wir konnten uns auf der Brücke von U.172 nicht erklären, wieso das Wasser teilweise rot war, wir kamen näher heran und sahen diese herrlichen Früchte im Wasser herum schwimmen. In diesem Apfelsinenteppich sammelten sich Rettungsboote und Flöße. Kapitän Mr. Fox, der ins Wasser mußte, wurde aufgefischt, übernahm das Kommando und organisierte die Heimfahrt der Rettungsboote nach Kapstadt. Neun Stunden in der aufgewühlten See mußten sie ausharren, ehe sie der polnische Dampfer „NARVIK" aufnahm. Noch am selben Tag lief die „Narvik" in Kapstadt ein und setzte ihre Gäste an Land. Um 20.10 Uhr tauchten wir auf und liefen nach Nordwesten ab. Am 12.10.1942 um 06.00 Uhr fingen wir an, die letzten Torpedos von Oberdeck umzuladen, nach 3 Stunden waren wir mit dieser Knochenarbeit fertig. Wir liefen wieder Südkurs und standen am 13.10. südlich von Kap Agulhas, der südlichsten Spitze Afrikas, am Eingang des Indischen Ozeans, von dort machten wir freie Jagd auf den feindlichen Kapverkehr. Um 08.30 Uhr hatten wir einen Dampfer, der von einer Landmaschine in 50 m umkreist wurde. Der Kommandant schoß aus 2000 m einen Doppelschuß im Unterwasserangriff aus Rohr I und IV. Fehlschüsse! Wir kamen nicht mehr ran und mußten ihn laufen lassen. Wir suchten weiter, aber leider ergebnislos.
Am 19.10. standen wir 2 Sm vor dem Hafen Port-Nolloth. Wir warteten bis 21.40 Uhr, dann tauchten wir auf und fuhren direkt auf Reede. Reede und Bucht leer, Feuer und Lichter an Land gelöscht. Um 21.47 Uhr liefen wir ab, helle Vollmondnacht, ruhige See, also Vorsicht, die Helligkeit ließ ein Operieren in Küstennähe nicht zu.
Am 31.10. standen wir schon im Südatlantik und hatten den Rückmarsch angetreten. Um 20.30 Uhr plötzlich ein Dampfer, der mit 10 Sm/h vorbei wollte. Der Kommandant hat ihm den Weg abgeschnitten und ausgedampft. Doppelschuß aus Rohr I und III: 1. Treffer Mitte nach 12,4 sc, 2. Treffer nach 12,8 sc. Dampfer sackt achtern tiefer, setzt Boote aus und sinkt. Rettungsboote wurden an uns herangeholt, der I. Offizier des Dampfers mußte in unser Boot und wurde verhört. Es war der britische Dampfer ADINGTON-COURT - 4891 BRT. von Philadelphia über Trinidad nach Kapstadt mit Traktoren und Petroleum.
Heute am 01.11. lief der zweite Teil unseres Wunschkonzertes ab, wir waren wieder voll bei der Sache.
Es kam wieder jeder der Besatzung dran, jeder wurde durch den Kakao gezogen und unser Diesel-Obermaschinist Walter Gerke verlas zum Schluß das Gedicht vom Ausmarsch der Fische.

Ausmarsch der Fische

Am Golf von Biskaya
ist's gar nicht mehr schön.
Vor lauter Bomben
ist die See nicht mehr zu seh'n.
Das ärgert die Menschen,
die Fische noch mehr.
So zieh'n sie in Scharen
ins südliche Meer.
Es ist nämlich übel
für die Fische-Crew.
Es platzt ihnen der Kragen
und die Blase dazu.
So hebt an ein Wandern
von Norden nach Süd.
Und durch die Kiemen
erklingt dann das Lied:
,,Lebewohl du Biskaya,
wir seh'n uns nicht mehr.
Verflucht sei'n die Fliebos
und die Wabos noch mehr!"

Um 23.31 Uhr tauchten wir auf und sind mit 60 Grad über Wasser gelaufen. Unter Wasser ging es ruhig zu, die Besatzung, sofern die Männer nicht auf Station standen, lag in den Kojen und ruhte sich aus.

Die Abschnittsunteroffiziere kontrollierten ihren Bereich, es gab immer etwas zu tun. Torpedos mußten geregelt und die Flakwaffen in Ordnung gehalten werden. Im Jahre 1942 hatten die U-Boote im Mittel- und Südatlantik wenig Feindberührung, dort lief der Seeverkehr hauptsächlich durch Einzelfahrer, die verhältnismäßig leicht zu knacken waren. Wurden wir aber von Zerstörern gestellt, ging der Tanz ums Überleben los, das war immer ein Lotteriespiel: Wer schafft wen? Großbomber und Flugzeugträger der Feinmächte waren in dieser Arena noch nicht im Einsatz. Das wurde später anders, sie werden noch sehen. In der Mitte des Atlantiks wurden Badestunden für Außenbords angesetzt, damit alle Männer mal das Boot von See aus sehen konnten. Das war allerdings in mit Haifischen verseuchten Gewässern nur mit Sicherung möglich. Kameraden standen mit Maschinenpistolen auf der Brücke und paßten auf, daß nichts passierte.
Nachts, wenn die fliegenden Fische in ihrem Flug an den Turm knallten (so hörte sich das an), stand immer einer mit einer Schüssel oder Pütz (Segeltucheimer) an Oberdeck und sammelte sie ein, dann ging das Schmirgeln (Braten) in der Kombüse los. Die großen Flugflossen wurden getrocknet und mit nach Hause genommen. Daß es Flugflossen von fliegenden Fischen waren, glaubte dort kaum jemand, wie sollten sie auch!

Seeschildkröten wurden geschossen und ausgeweidet. Als die Suppe gekocht war, wollten nur wenige heran, aber als diese Suppe von einigen Männern verkostet wurde und als gut befunden ausgewiesen, gab es kein Halten mehr, alle waren mit diesem lukullischen Mahl zufrieden. Mit Prüfungstauchen und Tiefensteuerübungen verging die Zeit. Am 02.11.1942 um 03.00 Uhr wurde die Zeit auf MEZ umgestellt, eine Stunde zurück. Um 08.00 Uhr sind wir von einem Prüfungstauchen wieder hochgekommen, in Überwasserfahrt ging es weiter nach Norden, Richtung Heimat. Aber das waren noch 7 bis 8 Wochen, wenn wir Glück haben. Um 19.30 Uhr ein Dampfer in rechtweisend 350 Grad in Sicht, der Kommandant hat sich mit dem Boot vor den Dampfer gesetzt, in der Dämmerung langsam herangestaffelt. Um 21.30 Uhr Schuß aus Rohr V: Treffer nach 1 min. 14 sec. Hohe Sprengwolke, Dampfer setzt Boote aus und funkt Notsignale, die von unserem Funkmaaten sofort gestört wurden. 22.18 Uhr Dampfer gesunken. Es ist der Engländer LLANDILLO, 4966 BRT. von Trinidad nach Kapstadt, Kraftwagen und Stückgut hatte er geladen. Wir sind sofort weiter nach Norden marschiert. Der normale Dienstbetrieb lief, keine Feindberührung, am 08.11. überflogen uns 6 viermotorige Bomber in großer Höhe in Richtung Osten. Anscheinend Überführungsflug nach Osten / Nordafrika.
Uns gingen so langsam Treibstoff und Verpflegung zu Ende, mußten uns auf eine Versorgung einrichten, aber soweit war es noch nicht. Mit Oberdecksarbeiten, Waffenreinigen an der 10,5, 3,7 und MG's verging die Zeit. Im Boot die laufenden Arbeiten, die für so ein Kriegsschiff erforderlich sind, ließen die Zeit vergehen. Wir waren auf dem Rückmarsch, konnten es kaum erwarten, wieder festen Boden unter den Füßen zu haben. Aber es war noch eine lange Wegstrecke, die wir vor uns hatten.
Am 23.11.1942 08.15 Uhr Dampfer, in dieser Zeit noch in der Dämmerung über der Kimm. Der Kommandant hat ihn ausgedampft, sich vorgesetzt und ist dann getaucht. Dampfer kommt nach erkoppeltem Zickzackdiagramm planmäßig an.
Doppelschuß aus Rohr I und II: 1. Treffer Maschinenraum, 2. Treffer Achterschiff, sehr starke Detonation, Dampfer sackt achtern sehr schnell tiefer und sinkt nach 2 Minuten über den Achtersteven. Etwa 10 Überlebende auf einem Floß.
Engländer, BENLOMOND, 6630 BRT., von Bombay, Carachi über Kapstadt, Bestimmungshafen ist den Überlebenden nicht bekannt. Dampfer fuhr in Ballast, steuerte Tag und Nacht Zickzack. Wir hatten noch 4 Torpedos, die mußten wir, bevor wir heimkamen, noch loswerden.
Bis zum 28.11. normaler Dienstbetrieb, um 02.13 Uhr Dampfer rechtweisend 25 Grad, schnelles Schiff, hatten Mühe heranzukommen, mußten mit hoher Fahrt laufen. Gegner zackt stark. 05.47 Uhr noch ein Dampfer, können aber nur einen bedienen, deshalb F. T. Abgabe:

'Von Emmermann, jage Dampfer, Kurs 300 Grad, 14 Seemeilen, zwoter Dampfer Südostkurs Marine-Quadrat ER 9259'.
Um 07.16 Uhr Doppelschuß Rohr I und III: 1. Torpedo Fehlschuß, 2. Torpedo Treffer Mitte, Maschinenraum, starke Sprengwirkung, sinkt nicht. Mit 10,5-Kanone versenkt. 09.17 Uhr Dampfer gesunken.
Amerikaner - ALASKAN - 5364 BRT., von Kapstadt über Trinidad nach New York, Stückgut, Kraftwagen.
11.26 Uhr getaucht. Am 29.11. wieder ein Dampfer, der mit großer Fahrt vorbeirauschte.
17.36 Uhr wieder ein Dampfer, wir jagen hinterher, um 20.45 Uhr setzt Dampfer Lichter. Spanier, angehalten! Vorschriftsmäßige Neutralitätsabzeichen. Dampfer APOLLO mit Tabak und Lebensmitteln von Bahia nach Teneriffa.
Wir machten uns fertig zur Versorgung. Mit dem Brennstoff, den wir noch im Bunker hatten, kamen wir nicht mehr in den Stützpunkt. Aber am 11.12. um 19.30 Uhr hatten wir plötzlich einen Geleitzug, standen direkt davor.
Nur noch zwei Torpedos in den Heckrohren, die mußten raus. Schlechtes Wetter, Regenschauer, zeitweise eine Sicht von 100 m. Deshalb haben wir die Schiffe von der Brücke aus nicht eher gesehen. Der vordere Zerstörer lief direkt auf uns zu, Alarmtauchen und auf die erste Reihe der Dampfer trotz des Zerstörers zugehalten. Dampfer der ersten Reihe überlappen sich, Zweierfächer Rohr V und VI: 1. Treffer nach 3 Minuten, 2. Treffer nach 3,5 Minuten. Beide Detonationen im ganzen Boot gut zu hören. Erster Treffer im Ziel, zweiter Treffer in einem Schiff der zweiten Reihe. Jetzt kamen die Wasserbomben, ungenau geworfen, eine Serie von 6 Stück, mehrere einzelne Wasserbomben. Keine Ausfälle. Sinkgeräusche eines Dampfers im Boot zu hören. Nach Osten abgelaufen. Wir hatten uns verschossen, also keine Torpedos mehr. Es ging jetzt, wenn wir versorgt worden sind, nach Hause. 55 cbm Öl von „Stiebler" übernommen. Jetzt ging es zügig NNO. Am 27.12.1942 wurden wir um 08.00 Uhr in der Biskaya vom Geleit aufgenommen und haben im Bunker Lorient um 10.00 Uhr festgemacht.

Dauer der Unternehmung: 131 Tage.
Zurückgelegte Wegstrecke: 20100,0 Sm.
Ergebnis: 8 Dampfer mit 61003 BRT.
Torpediert: 2 Dampfer mit 12000 BRT.
Stellungnahme des Befehlshabers der Unterseeboote zum Kriegstagebuch U.172 vom 19.08.-27.12.1942
Unternehmungen im Seegebiet von Kapstadt hatte durch Überraschungsmomente große Erfolgsmöglichkeiten bei geringer Abwehr. Das vorzeitige Losschlagen des Kommandanten hätte leicht den Gesamterfolg mindern können und muß aus Führungsgründen mißbilligt werden! Der Kommandant hat mit Geschick, Tatkraft und zäher Ener-

gie jede sich bietende Chance genutzt und einen hervorragenden Erfolg erzielt. Sehr gut durchgeführte Unternehmung von langer Dauer, zu der sonst nicht zu bemerken ist.

Für den Befehlshaber der Unterseeboote
- Der Chef der Operationsabteilung -

Auszüge aus: Marine-Abteilung, Büro des Chefs der Operationsabteilung Marine, Washington.

Dritte Fahrt von U-172

Nach einer kurzen Liegezeit startete U-172 am Tag des inzwischen berühmten „Unternehmen Dieppe" (19. August 1942) von Lorient. Die Offiziere dieser Fahrt, welche von der Mannschaft Afrika- oder Kapstadtfahrt genannt wurden, waren:
Kommandant: Kapitänleutnant Carl Emmermann
Erster Offizier: Oberleutnant z. S. Heinz-Günther Scholz
Zweiter Offizier: Oberleutnant z. S. Hermann Hoffmann
Leitender Offizier: Oberleutnant (Ing.) Lothar Dick

Bericht über die Vernehmung des I. Offz. des britischen Dampfers „Aldington Court", John O'Hagan am 31.10.1942 auf U-172: Nach Aussagen des I. Offz. des Dampfers „Aldington Court" John O'Hagan ging der Dampfer von Philadelphia im Geleit von annähernd 20 Schiffen mit 5 USA-Zerstörern nach Trinidad. Eingetroffen in Trinidad am 3. Oktober 1942. Am 7. Oktober aus Trinidad ausgelaufen, wurde zuerst Mar. Qu FD 3578 angesteuert, dann FU 4963 und danach GP 2442.

Die Versenkung des Dampfers „La Place" am 29.10. in Mar. Qu. JJ 27 war bekannt. Nach Eingang der Versenkungsmeldung diese Dampfers ging am 30. Oktober abends die „Aldington Court" auf Grund einer auf Kurzwelle erhaltenen Kursanweisung auf 62 Grad, um einen Punkt 50 Seemeilen unter der Küste anzusteuern. Von dort sollte weiter unter Küste Kapstadt angesteuert werden.

Die Ladung der „Aldinton Court" bestand aus Traktoren für landwirtschaftliche Zwecke, Benzin und Bier. Die Bewaffnung bestand aus einer 4-Zoll-Kanone, einem 12-Pfünder und 2 MG's. Der Dampfer war zuletzt im Februar 1942 in England und ging von da nach Philadelphia. Von dort führte er eine Reise nach Indien und zurück nach Philadelphia aus.

John O'Hagan war bereits einmal auf dem britischen Dampfer „Eros" torpediert worden. Die „Eros" sank 1940 in derselben Nacht, da auch der britische Hilfskeuzer „Coarinthia" versenkt wurde. Die Besatzung der „Eros" wurde jedoch bereits am folgenden Morgen von einem anderen Dampfer aufgenommen.

ARMADA

Diese Fahrt dauerte mehr als 18 Wochen, und in dieser Zeit wurde das U-Boot zweimal versorgt. Es wurde von mehreren anderen U-Booten begleitet, von denen angeblich die folgenden beteiligt waren:
U-Witte (O.N.I. Anmerkung: Kapitänleutnant Helmut Witte führt angeblich U-159)
U-Merten (O.N.I. Anmerkung: U-68 beanspruchte bis dahin 60000 t versenkten Schiffsraumes auf der Kapstadtroute)
U-Ibbeken (O.N.I. Anmerkung: U-178 war zu dieser Zeit noch im Südatlantik auf dem Rückmarsch einer Fahrt durch den Indischen Ozean)
U-Mohr (O.N.I. Anmerkung: U-124, C. O. Kapitänleutnant Johann Mohr)
U-Hartenstein (O.N.I. Anmerkung: U-156, C. O. Korvettenkapitän Werner Hartenstein).
Die Planung dieser Fahrt war das Ergebnis der Erbeutung von Kartenmaterial und Geheimdienstmeldungen über die Sicherungsvorkehrungen und die Schiffahrt um Kapstadt. Diese kleine Armada war sehr erfolgreich, und U-172 spielte keine kleine Rolle in diesem Unternehmen. Es ist bemerkenswert, daß kein Anhaltspunkt darauf hinwies, daß diese U-Boote in der abgesprochenen Weise handelten, die für eine Gruppen- oder Wolfsrudel-Taktik üblich war. Auf dem Rückweg führte U-172 eine anscheinend unabhängige Operation mit anhaltendem Erfolg durch. Es gibt keinen Hinweis auf Angriffe von oder auf diese Gruppe von U-Booten auf ihrem Marsch in das Zielgebiet.

Unfall

Mechanikermaat Fleischmann, auf dieser und der vorangegangenen Fahrt verantwortlich für den Bugraum, wurde versehentlich von Oberbootsmannsmaat Schmidt ins Knie geschossen, der gerade ein Maschinengewehr reinigte, von dem er „nicht wußte", daß es geladen war. Fleischmann wurde an Bord von U-Wilamowitz-Möllendorf gebracht, als es U-172 versorgte, und Obermechanikermaat Trompelt wurde für ihn vom Versorgungsboot an Bord von U-172 genommen.

Erste Versorgung

Berichte über die erste Versorgung von U-172 auf dieser Fahrt waren ungenau, aber sie stimmten in drei Punkten überein: daß es irgendwo südlich der Azoren geschah, wahrscheinlich nicht weit unterhalb des Äquators; daß einige U-Boote zu dieser Zeit anwesend waren; und daß U-Wilamowitz-Möllendorf das Versorgungsboot war. (O.N.I.: Anmerkung: Dieses Treffen zwischen U-172 und U-459 (Wilamowitz-Möllendorfs Boot) ist im Abschlußbericht von U-459, Britisch C. B. 04051 (79) nicht erwähnt).

Operationen vor Kapstadt

Die U-Boot-Armada fuhr nach dem Treffen mit dem Versorgungs-U-Boot nach Kapstadt, wo man am 4. und 5. Oktober 1942 ankam. Einige nicht besonders verläßliche Gefangene sagten aus, daß U-172 in den Hafen von Kapstadt eindrang und dort mehrere Tage unter Wasser lag, bis man den Befehl zum Angriff erhielt. Diese Geschichte wurde von genauso unzuverlässigen Männern bestritten. Sei es, wie es will, U-172 beanspruchte Versenkungen, die den Unterlagen nach um Kapstadt erfolgten, aber nicht direkt im Hafen.
Aus Alliierten-Unterlagen geht hervor, daß die anderen U-Boote bei U-172 ebenfalls erfolgreich waren zu dieser Zeit, aber detaillierte Angaben fehlen.

CHICKASAW CITY

Der erste Erfolg für U-172 auf diesem Südafrika-Unternehmen war die Torpedierung und Versenkung der CHICKASAW CITY am 7. Oktober 1942. (O.N.I. Anmerkung: Diese Versenkung wurde zuerst U-Hartenstein zugeschrieben). Kapitänleutnant Emmermann identifizierte das Schiff als amerikanischen Frachter von 6196 Tonnen, was beides korrekt war. (O.N.I. Anmerkung: S. S. CHICKASAW CITY sank in Position 34° 05’ S. - 17° 0., ungefähr drei Minuten, nachdem sie von zwei Torpedos getroffen wurde.

FIRETHORN

Am gleichen Tag, kaum vier Stunden später, torpedierte und versenkte U-172 FIRETHORN, welcher als amerikanischer Frachter von 6000 t erkannt wurde. (O.N.I. Anmerkung: M.S. FIRETHORN wurde von zwei Seiten von zwei Torpedos getroffen und sank sofort, ungefähr 60 Meilen N. W. von Kapstadt. Er fuhr unter Panamesischer Flagge und war mit 4700 t verzeichnet).

Unbekannte Versenkung

Am nächsten Tag beanspruchte U-172 die Versenkung eines 3500-t-Frachters, dessen Name und Nationalität nicht erkannt wurden. (O.N.I. Anmerkung: zwei Schiffe wurden vor Kapstadt versenkt, die etwa der angegebenen Tonnage entsprachen: PANTELIS von 3845 t sank in Position 34° 20’ S. - 17° 50’ 0, und KOUMANDOUROS von 3845 t sank in Position 34° 21 S’ - 18° 30’ 0. Beides waren griechische Schiffe).

ORCADES

Die höchste Tonnage, die Emmermann auf eine Schlag versenkte, erfolgte am 10. Oktober 1942, als U-172 den britischen Frachter ORCADES angriff und versenkte. Sieben Torpedos wurden verschossen. Ei-

ne Erzählung besagt, daß das U-Boot aus einem Nebelvorhang heraus die ORCADES überraschte. Es tauchte und schoß Torpedos, welche das Schiff trafen; dieses behielt aber seinen Kurs bei, U-172 tauchte auf und fuhr seinem Opfer voraus. Wieder tauchte es und feuerte zwei Torpedos ab. Diese trafen ORCADES, aber sie konnte noch immer weiterfahren. Das U-Boot folgte dann an der Oberfläche und verschoß einen Dreierfächer, von dem zwei trafen. Dieser Schlag versenkte ORCADES und ermöglichte es Kapitänleutnant Emmermann, seinem steigenden Konto weitere 23456 t hinzuzufügen.
In diesem Moment tauchte ein Flugzeug auf und warf Wasserbomben. Angeblich ist U-172 in einem Zick-Zack-Kurs an der Oberfläche entkommen. (O.N.I. Anmerkung: ORCADES sank in Position 35° 51' S. - 14° 40' O. Die Tonnenangabe und Identifizierung waren korrekt). Kapitänleutnant Emmermann setzte nun die Fahrt in mäßiger Geschwindigkeit in Richtung auf den mittleren Südatlantik fort.

ALDINGTON COURT

Am letzten Oktobertag wurde ALDINGTON COURT torpediert und versenkt. Sie wurde als britischer Frachter von 4891 t geführt. (O.N.I. Anmerkung: M/V ALDINGTON COURT, von 4891 t, die unter britischer Flagge fuhr, wurde am 31. Oktober 1942 um 20.45 Uhr von zwei Torpedos getroffen und sank innerhalb von 10 Minuten).

LLANDILO

Drei Tage später, am 2. November 1942, wurde der britische 4966-t-Frachter LLANDILO von einem Torpedo von U-172 getroffen und sank. (O.N.I. Anmerkung: SS. LLANDILO wurde um 20.47 Uhr in Position 27° 03' S. - 02° 59' W. getroffen und sank innerhalb einer halben Stunde).

BEN LOMOND

U-172 setzte seine Fahrt in nordwestlicher Richtung fort und passierte das vorspringende Festland Brasiliens und traf auf BEN LOMOND, welches es am 23 November 1942 versenkte. Dieses Schiff wurde von Kapitänleutnant Emmermann als ein britischer Frachter von 6650 t angegeben. (O.N.I. Anmerkung: BEN LOMOND, 6630 t, sank in Position 00° 30' N. - 38° 45' W.).

Ritterkreuz

Irgendwann zwischen dem 23. und 28. November 1942 erhielt Kapitänleutnant Emmermann das Ritterkreuz zum Eisernen Kreuz (die Verleihung erfolgte entsprechend der Liste von Versenkungen von U-172 und der Tonnage). (O.N.I. Anmerkung: Das Hamburger Fremdenblatt vom 2. Dezember 1942 meldete, die Verleihung habe am 30. November stattgefunden, aber zu diesem Zeitpunkt war Emmermanns Konto um mehr als 5000 t angestiegen, was auf ein früheres Verleihungsdatum hindeutet). Die beanspruchte Gesamttonnagemenge belief sich auf 97380 t (O.N.I. Anmerkung: Laut alliierter Aufstellung über Versenkungen und Unterlagen von Lloyds konnte U-172 insgesamt 89711 t anrechnen. Dies macht deutlich, daß Kapitänleutnant Emmermann sein Ritterkreuz durch eine Forderung, die mehr als 7600 t zu hoch lag, erhielt).

ALASKAN

Am 28. November torpedierte U-172 den amerikanischen 5364-t-Frachter ALASKAN. Als das Schiff nicht unterging, tauchte das U-Boot auf und versenkte es mit seinem 105-mm-Geschütz. Einer der Kanoniere behauptete, es seien 168 Schuß verfeuert worden, von denen 138 Treffer waren (O.N.I. Anmerkung: SS. ALASKAN wurde am 28. November 1942 gegen 06.50 Uhr in Position 03° 58' N. - 28° 19' W. von zwei Torpedos getroffen. Sie sank um 07.45 Uhr. Überlebende berichteten unterschiedlich, daß, nachdem sie das Schiff verlassen hatten, zwischen 40 Schuß mit 30 Treffern und 10 Fehlschüssen und 60 Schuß mit 35-40 Treffern und 20-25 Fehlschüssen angegeben wurden).

Zweite Versorgung

Das nächste erwähnenswerte Ereignis auf der Heimreise war die Versorgung von U-172 durch ein unbekanntes U-Boot, welches von einem unzuverlässigen Gefangenen als Versorgungs-U-Boot bezeichnet wurde; es könnte auch U-461 (C. O. Stiebler) gewesen sein. Es wurde weiterhin behauptet, es seien 6 oder 7 500-t-U-Boote und einige 750-t-U-Boote anwesend gewesen. Anscheinend fand dieses Rendezvous vor dem 2. Dezember statt, da zu diesem Zeitpunkt eine Versenkung beansprucht wurde und einige Quellen dafür sprechen, daß ihr letzter Angriff nach der 2. Versorgung stattfand. Die Position dieses Rendezvous wurde nicht überliefert, aber es muß nahe dem Äquator stattgefunden haben, wahrscheinlich nördlich davon. (O.N.I. Anmerkung: O.N.I. 250-G/Serial 13 gibt wieder, daß dieses Treffen etwa Mitte Dezember 1942 stattgefunden haben muß. Dieses Datum wäre zu spät gewesen, um es U-172 zu ermöglichen, Lorient am 27. Dezember 1942 zu erreichen, es sei denn, das Rendezvous wäre viel näher bei den Azoren geschehen und nach der besagten Versenkung am 2. Dezember).

Unbekannte Versenkung

Kapitänleutnant Emmermanns Versenkungsliste indentifiziert seine letzte beanspruchte Versenkung dieser Fahrt nur mit „Tanker, 6000 BRT.". Er gab dieses Ereignis für den 2. Dezember 1942 an. Im Notizbuch der Besatzung wird zu diesem Zeitpunkt eine Torpedierung in solch einer Tonnagehöhe angeführt, und das betreffende Schiff soll sich in einem Konvoi befunden haben. Einige Gefangene erwähnten

ebenfalls, daß nach der zweiten Versorgung ein Angriff auf einen Konvoi stattgefunden habe, so daß es schien, als habe die Mannschaft den Eindruck gehabt, sie habe zu diesem Zeitpunkt an einem Angriff teilgenommen. (O.N.I. Anmerkung: In alliierten Akten ist für diesen Zeitpunkt keine Versenkung, keine Torpedierung und kein Verlust aufgeführt, welchen man vernünftigerweise U-172 entweder aufgrund der anzunehmenden Position oder der geforderten Tonnage zuschreiben könnte).
Angeblich wurden bei diesem Angriff die restlichen Torpedos verschossen und eine Wasserbombe geworfen, von der U-172 glaubte, sie sei für sie bestimmt gewesen, sie richtete jedoch keinen Schaden an.

Flugzeugangriff

Anschließend an die besagte Versenkung vom 2. Dezember wurde U-172 von Flugzeugen (wahrscheinlich zwei) angegriffen, die unterschiedlich als Sunderland- und als Halifax-Typen erkannt wurden. Einige Bomben wurden abgeworfen. Es entstand aber kein Schaden, und die Flugzeuge wurden vertrieben. Die Ortsangabe dieses Angriffs lautete nur „vor der Küste von Afrika" und aufgrund der Vermutung, daß es Landflugzeuge waren, müssen diese in Casablanca oder Dakar stationiert gewesen sein.

Rückkehr nach Lorient

Der Rest der Heimfahrt war anscheinend reine Routine. U-172 kam am 27. Dezember 1942 nach einer langen, erfolgreichen Fahrt unbeschädigt und ohne Torpedos in Lorient an, aber mit einem Konto von 67023 t beanspruchten versenkten Schiffsraumes, was 7000 t über dem Alliierten-Konto lag.
Am 27.12.1942 kamen wir von einer 41/2monatigen Unternehmung zurück. Jetzt rüsteten wir, als der Urlaub vorbei war und die Werft das Boot an die Flottille einsatzfähig zurückgab, zur 4. Unternehmung als. Wie die Ausrüstung läuft, ist durch meinen Bericht bekannt; wir gingen wieder in den Südatlantik.

IV. Unternehmung

Auslauftag war der 21.02.1943. Wie üblich am Vormittag Prüfungstauchen, Einschießen der Waffen und Trimmversuch. Das Boot ging unter unserem Kommandant an die Pier. Der Flottillenchef verabschiedete uns, U-172 legt ab und die neue Unternehmung begann.
Wie liefen mit U-515 - Kommandant Kapitänleutnant Henke im Geleit bis zu unserem Auslaufpunkt mit einem Kurs von 235 Grad. Um 19.15 Uhr kam U-515 außer Sicht, wir waren allein. Mehreren Fischereifahrzeugen mußten wir ausweichen, U-172 stand in der Biskaya. Wir liefen

über Wasser und hatten ein Wetter SSO, Seeg. 1, bedeckt, diesig, 1037 mb., also gutes Wetter. Als die Dämmerung aufzog, haben wir um 07.20 Uhr zum Unterwassermarsch getaucht. Der Kommandant fuhr am Tag unter Wasser und nachts über Wasser, das Beste, was man machen kann, um feindlichen Streifkräften zu entgehen. Am 25.02.1943 erreichten wir unter dauernden Gefechtsübungen den Atlantik. Um 13.30 Uhr ein FT-Eingang: Als Seitensicherung für zurückkehrendes U-914 werden folgende Räume bis auf weiteres mit sparsamster Marschfahrt besetzt: ...„Emmermann" möglichst über Wasser bleiben, alle Feindsichtungen sowie stärkere Luftaufklärung sofort melden. U-914 muß unbedingt eingebracht werden. Wir mußten auf Befehl unseres Admirals oben bleiben. Alle Flakwaffen wurden voll besetzt und Magazine bereitgelegt. Wir lagen über Wasser in Wartestellung. Beide Diesel unklar, Kühlwasserleitung defekt, das Maschinenpersonal bekam in kurzer Zeit die Diesel wieder klar. Wir mußten in diesem Gebiet mit eigener Luftaufklärung durch FW 200 rechnen, zusätzliche Gefahr durch eigene Flugzeuge. Am 26.02.1943 gingen wir durch mäßige Sicht unter Wasser und setzten unseren Marsch auf Seerohrtiefe fort.
Um 19.51 Uhr FT-Eingang: „Emmermann" und „Henke" mit Höchstfahrt zu „Staats" gehen. „Staats" war tauchunklar und nur noch bedingt schwimmfähig. Die Übernahme der Besatzung wurde von beiden Booten in aller Eile klargemacht. Wir mußten unsere Fahrt und Kurs so einrichten, daß die Übernahme von „Staats" schnell möglich war. Die Übernahme mußte soweit wie möglich westlich stattfinden, außerhalb der Reichweite feindlicher Luftstreitkräfte. Zwei Tage später hatten wir feindliche Flugzeuge weit weg, konnten unerkannt tauchen, keine Bomben. Unser Marsch in das Operationsgebiet wurde gestoppt, die Hilfe für das angeschlagene Boot war vorrangig.
Am 28.02 mittag um 12.00 Uhr trafen wir Staats, lagen gestoppt und übernahmen 20 cb Treiböl, Staats war tauchunklar. An drei Stellen der Tauchzellen bei einem Luftangriff gerissen, er rettete sich in ein von feindlichen Luftstreitkräften noch nicht kontrolliertes Loch im Atlantik. Wir, ein IX c Boot, hatten Acetylen- und Sauerstoff-Flaschen an Bord, er ein 7 c, ein 500-Tonner nicht. Einige Männer des technischen Personals gingen im Schlauchboot mit den Flaschen zu Staats und schweißten die Leckstellen. Jetzt konnte er mit seinem Boot wenigstens auf Seerohrtiefe nach Hause fahren.

Wir liefen am 02.03. um 00.00 Uhr mit 260 Grad ab. (U-508 unter dem Kommandanten Kapitänleutnant Staats (Ritterkreuz) wurde am 12. November 1943 vor der Biskaya nördlich Kap Ortegal durch amerikanische Flugzeuge gebombt. Totalverlust).
Weiter im Kriegstagebuch: Am 04.03.1943 um 06.30 Uhr kam aus einer Regenwand plötzlich ein Dampfer auf uns zu, ein typischer Schnelläufer. Wir gingen im Alarmtauchen sofort unter Wasser, der

Kommandant drehte das Boot auf den Dampfer ein und schoß sofort. Drei Torpedos verließen die Rohre: 1. Treffer unter dem Heck nach 1 min. 40 s., 2. Treffer 10 s. später. Dampfer fliegt im gleichen Moment in die Luft. Wir gingen sofort hoch und sahen eine etwa 500 m hohe Flamme über dem Dampfer, durch wiederholte kleine Explosionen schlugen kleine und kleinste Trümmerstücke um uns herum in die See. Wir hatten einige kleine Löcher in der Turmverkleidung. Dampfer gesunken, keine Überlebende. Unter den Trümmern Reedereiname Ellermann festgestellt. Mit großer Wahrscheinlichkeit war es „CITY OF MANCHESTER", 8900 BRT.. Mit Kurs 260 Grad marschierten wir ab. Unter Deck ging die Arbeit los, es wurden Torpedos nachgeladen. Wie immer eine Knochenarbeit, alle Freiwächter mußten ran, um so schnell wie möglich die Rohre wieder schußfertig zu haben. Nachher gab es im Bugtorpedoraum etwas mehr Platz, die Männer konnten sich wieder etwas bewegen.
Zwei Tage später, am 06.03. um 17.45 Uhr wieder ein mit hoher Fahrt laufender Dampfer, Vorsetzen durch die hohe Geschwindigkeit nicht möglich. Wir sind bis zum Dunkelwerden mit gelaufen, unsere Diesel liefen äußerste Kraft. Dampfer zackt direkt auf uns zu, daß er uns bei dieser Helligkeit nicht sah, war ein Wunder. Die hatten gepennt.
Wieder ein Dreierfächer aus Rohr I, III und IV: 1. Treffer nach 48 s, kurzer heller Feuerschein, Sprengsäule nicht beobachtet. 2. Treffer nach 53 s., hohe Sprengsäule mit großer, sehr hoher Stichflamme, Achterschiff brennt sofort. Dampfer setzt Boote aus und sinkt langsam über den Achtersteven. Dampfer THORSTRAND, ein Norweger mit 3041 BRT., beladen mit Stückgut von Liverpool nach Brunswik.
Es soll kein Mensch glauben, daß uns das Schicksal der Schiffbrüchigen kalt ließ, wir fühlten für diese Menschen ein großes Bedauern, die dort in den Rettungsbooten oder auf Flößen lagen.

Wir haben in unseren vielen Fahrten im Unteroffiziersraum immer Gespräche über diese Schiffbrüchigen geführt und unser eigenes Schicksal dagegegehalten. Daß der Dienst auf einem U-Boot eine knallharte Sache ist, das haben wir am eigenen Leib erfahren. Wenn ich an die Geleitzugschlachten im Nordatlantik denke, an die eigenen Kameraden, die zusammengebombt wurden und nicht mehr auftauchten, die sich wie wir erbittert wehrten und dabei angriffen, da kann ich mich in die Situation der feindlichen Schiffbrüchigen versetzen. Rettungsboote, die ich sah, völlig vereist, die Insassen nur noch Eisklumpen, alle tot! Die Zerstörer fuhren mit voller Fahrt über ihre im Wasser liegenden eigenen Schiffbrüchigen hinweg, nur um das feindliche U-Boot zu versenken oder zu bekämpfen. Der Kampf auf oder im Element Wasser war das schlimmste, was sich ein Mensch vorstellen kann, erbittert und gnadenlos wurde gekämpft. Beide Seiten setzten alles ein, um diesen Kampf zu gewinnen, mit wechselndem Glück. Wer würde überleben? Das wußte von uns noch keiner.

Die andere Seite bot alles auf, was in ihren Möglichkeiten lag, und diese Möglichkeiten waren nicht klein. Menschen und Material standen den Alliierten in unerschöpflichem Ausmaß zur Verfügung. Wir setzten unsere Kampfkraft dagegen. Der unbändige Überlebenswille war bei uns nie gebrochen.
Aber jetzt weiter auf U-172: Am 07.03. um 16.30 Uhr haben wir angefangen, 5 Torpedos aus den Oberdeck-Tuben umzuladen.

Torpedos aus den Tuben raus auf die Oberdecks-Loren, dann auf die Rutsche, Torpedoluk auf, Torpedo abgelassen und Luk wieder zu. Wenn uns bei offenem Torpedoluk ein Flugzeug erwischt, gehen wir zu den Fischen, wenn es nicht abgewehrt wird.
Unsere Waffen waren voll besetzt, und Munition lag in größeren Mengen bereit, wir wollten nicht überrascht werden. Nach 3 Stunden war das Umladen erledigt und der Marsch in den Atlantik ging weiter. Die Besatzung hatte durch die verschossenen Torpedos etwas Bewegungsfreiheit, aber jetzt war es wieder eng. Kein Angriff, keine Bomben, wir waren zufrieden. Mehrere Boote wurden in der Gruppe - Unverzagt -zusammengefaßt und in einem großen Aufklärungsstreifen von unserem Admiral aufgestellt. Die Boote U-130, U-515, U-172, U-513, U-106 und U-167, dazu die Gruppe - Wohlgemut - mit den Booten U-159, U-524, U-109, U-67 und U-103 wurden auf dem vom Beobachtungsdienst erfaßten Geleitzug angesetzt. Der Geleitzug lief mit einer Geschwindigkeit von 9 Sm/h, wir mußten uns beeilen, um ranzukommen.
Am 13.03.1943 um 04.38 Uhr hatten wir gutes Wetter. Ein Schatten rechtweisend 64 Grad, wird schnell größer. Ein Zerstörer, Lage 20 bis 30, wir drehen ab, der Zerstörer dreht mit, kommt näher. Er hat uns geortet, durch das Mitdrehen zwingt er uns zum Tauchen. Ausweichbewegung unter Wasser, die Besatzung steht auf Gefechtsstation und ist völlig ruhig. Dann vom Zerstörer einfach in die Gegend geworfene Wasserbomben. Die Wasserbomben lagen sehr nahe, richteten aber keinen Schaden an.
Der vom Geleitzug CD 8272 abgesplitterte Zerstörer überläuft uns mehrere Male, keine Ortung und keine Wasserbomben.
Unterwassermarsch bis 06.45 Uhr. Als wir über Wasser waren, hatten wir den Zerstörer abgeschüttelt. Jetzt fiel unser Backbord-Diesel aus. Er hatte Wasser im Schmieröl. Mit einem Diesel stießen wir dem Geleitzug nach.
Um 07.26 Uhr hatten wir wieder einen Zerstörer auf dem Hals und mußten sehen, wie wir den los wurden. Das Katz- und Maus-Spiel fing von neuem an, Wasserbomben, wild in die Gegend geworfen, waren für das Boot und Besatzung auch eine Gefahr. Ein Glück für uns, daß die Begleitfahrzeuge immer zu ihrem Geleitzug zurück mußten, sie konnten sich nicht lange mit uns befassen. Die Zerstörer liefen um ihren Geleitzug herum, wie Hunde um eine Hammelherde. Die Zerstörer

hatten alle Hände voll zu tun, um U-Boote von dem Geleitzug abzudrängen. Später kamen seetüchtige Korvetten, die uns das Leben schwer machten, weniger seetüchtige Sloops (kleiner als Korvetten und nicht weniger bewaffnet) wurden vom Gegner gegen die U-Boote eingesetzt. Diese Sloops hatten einen runden, breiten Boden und rollten heftig in der See, die Seeleute flogen aus ihren Kojen und wurden seekrank. Diese Sloops konnten bei Seegang 4-5 mit ihren Flakwaffen kein Ziel mehr halten, Wasserbomben warfen sie, um uns zu erschrecken, unkontrolliert ins Wasser.

Aber nun zu unserem Zerstörer, er hatte uns verloren und ging, weil er keinen Asdic-Kontakt mehr hatte, zum Geleitzug zurück. Asdic, ein Unterwasser-Ultraschall-Ortungsgerät, von uns gefürchtet, weil uns der Gegner genau einpeilen konnte, wurde von den Feindstreitkräften eingesetzt, um U-Boote zu vernichten. Dieses Gerät wurde bei den Feindstreitkräften von Musikern besetzt und bedient. Musiker haben das beste Gehör und konnten ein U-Boot von Fischschwärmen oder unterschiedlichen Wasserdichten genau ausmachen. Von U.S.-Offizieren, als ich Lagerführer in einem Marinegefangenenlager in Arizona war, konnte ich erfahren, daß die Funker, die an exponierter Stelle im U.S. amerikanischen Oberkommando ihren Dienst taten, Indianer waren. Aus einem bestimmten Indianer-Dialekt setzten sie die Funksprüche ab und wurden von keiner Feindmacht verstanden oder entschlüsselt. Der Zerstörer hatte uns unter Wasser gedrückt, wir hatten zu dem Geleitzug keinen Kontakt mehr, er war auf und davon. Der Diesel wurde dem Kommandanten klar gemeldet, das Boot ging wieder volle Fahrt. Die Boote Sturm-Rasch-Emmermann-Rüggenberg-Henke-Witte-Schramm-Müller-Steinecker-Fenn und Keller in der Gruppe Unverzagt wurden in einem Aufklärungsstreifen neu von unserem Admiral aufgestellt.

Am 14.03.1943 um 17.32 Uhr meldete Rüggenberg den Geleitzug im Marinequadrat QU 4433. Der Befehl: Lose Fühlung halten und kurz nach Dunkelwerden angreifen. Wir hatten den Geleitzug durch den Zerstörer verloren, jetzt kannten wir seinen Standort und liefen mit allem, was die Diesel hergaben, an den Geleitzug heran. Das Spielchen mit Zerstörern und Fernbombern ging bis zum 16.03.1943 um 12.00 Uhr weiter. Wir standen im Boot unter dauernder Spannung, immer auf Gefechtsstation, keine Ruhe, kein Schlaf. Das kannten wir von früheren Unternehmungen, der Streß blieb derselbe. Das Boot lief Höchstfahrt, nachts stießen wir am Geleitzug vorbei. Bis 12.00 Uhr sahen wir U-Boote, die, gleich wie wir, auf den Geleitzug zuliefen. Plötzlich hatte uns wieder ein Zerstörer, drehte bei und beschoß uns mit Flak, warf unkontrolliert Wasserbomben. Wir schossen nicht zurück, weil die Geschoßbahnen nicht deckend auf uns lagen. Jetzt passierte etwas, das wir nicht glauben konnten: Das feindliche Fahrzeug drehte auf 1000 m Abstand ab und lief zum Geleitzug zurück. Um 18.47 Uhr standen wir vor dem Geleitzug, ein Boot neben uns tauchte bereits zum

Angriff weg. Auch wir gingen unter Wasser und liefen zum Angriff auf den Geleitzug zu. Das Geleit kam schnell näher. Die Begleitfahrzeuge überliefen uns, keine Wasserbomben. Sie hatten uns nicht geortet. Alle im Boot hörten einen zurückkommenden Zerstörer, der vor der ersten Reihe der Schiffe hin- und herfegte. Der Zerstörer, ein moderner amerikanischer Typ, ging in Höchstfahrt an uns vorbei und setzte sich vor den Geleitzug, er ahnte, was auf den Geleitzug zukam, das war sicher. Ein klassischer Anblick durch das Seerohr für unseren Kommandanten: große und größte Dampfer in Dwarslinie. Abstand etwa 600 bis 800 m. Die anderen Boote griffen schon an, Torpedodetonationen am laufenden Band. Unser Kommandant brachte das Boot in Schußlage. Die Dampfer überlappten sich jetzt mit der zweiten Linie und standen wie eine Wand vor dem Seerohr.

Um 20.49 Uhr fielen die Fächer aus Rohr I bis IV, das Boot wurde gedreht, ein Zweier-Fächer aus Rohr V und VI, 2 Treffer achtere Rohre, 2 Treffer vordere Rohre, 1 Treffer vorderes Rohr und ein Treffer vorderes Rohr. Andere Boote hatten ebenfalls Erfolg mit ihren Schüssen. Jetzt drehten die Begleitfahrzeuge durch und warfen um den Geleitzug herum unkontrolliert Wasserbomben. Innerhalb des Geleitzuges konnten sie keine Bomben werfen, um nicht die eigenen Schiffe zu gefährden. Unter dem Geleitzug saßen die U-Boote, standen aber in ständiger Gefahr, sich unter Wasser gegenseitig zu rammen. (Am 03.05.1943 rammte U-439 während einer Geleitzugschlacht im Nordatlantik westlich Kap Ortegal U-659 und ist gesunken. Teile der Besatzung gerettet). Für uns unter Wasser war es ein Trommelfeuer, ein Zufallstreffer hätte uns ausgeschaltet. Wir hatten Glück und kamen mit heiler Haut davon. Am 17.03. um 01.05 Uhr tauchten wir auf. Hier oben war das Disaster in naher Entfernung noch im Gang. Wir mußten aufpassen, daß wir keinen Treffer erhielten; Leuchtgranaten überall. Aber unsere Besatzung hatte eine dicke Haut - alles schon mal dagewesen. Wir liefen zu den Untergangsstellen zurück und sahen uns das an. Eine riesige Trümmerstelle bedeckte die See. Rettungsboote, besetzt und unbesetzt: Flöße, auf denen sich Schiffbrüchige anklammerten, Rettungsinseln und Teile der Ladung schwammen herum. Wir sind getaucht, um dem Drama zu entkommen. Das war eine Geleitzugschlacht, die es in sich hatte. Wir mußten wieder Torpedos von Oberdeck umladen, das wurde im höchsten Tempo erledigt. Jetzt hatte die Besatzung wieder etwas Ruhe, die vergangenen 3 Tage von den Gefechtsstationen nicht weggekommen, geschlafen wurde im Stehen.

Unser Smutje, der Kamerad Meißner, brachte das Essen auf die Stationen. Was dieser Mann geleistet hat, ist in Worten nicht auszudrücken! In 4 Unternehmungen wurden wir von unserem Matrosenobergefreiten Meißner und in den beiden letzten von unserem Matrosenobergefreiten Mißfeld betreut.

Die Wachen gingen im 2er und 3er Takt auf ihren Stationen. Frühstück und Abendessen waren problemlos, genau wie der Mittelwächter-Kaffee von 00.00 bis 04.00 Uhr.
Aber das Mittagessen! Aufziehende Wache 11.30 Uhr, abgelöste Wache 12.10 Uhr. Die seemännische Wache kam um 13.30 Uhr.
Von den zuerst auf Wache gehenden Männern wurde das Essen geradezu heruntergeschlungen. Ein ruhiges Essen hatten die, die zuletzt kamen. Das wechselte aber alle 24 Stunden. Stellen Sie sich die Arbeit unseres Smut vor. Ich habe ihn, wenn es irgend ging, mit Freiwächtern unterstützt. Nehmt heute noch den Dank Eurer Besatzung entgegen!

Am 22.03. um 10.00 Uhr stand das Boot westlich Madeira im Marinequadrat 1579, Wetter W 2, Seeg. 2, bedeckt 0,6 mb. Regenschauer, schlechte Sicht. Von Süden kommend lief ein Dampfer auf, der Kommandant manövrierte ihn aus, setzte sich vor und tauchte zum Unterwasserangriff. Es war der spanische Dampfer CEMPECHE, er hatte vorschriftsmäßige Neutralitätsabzeichen, der Kommandant mußte ihn laufen lassen.

Am 25.03. um 10.15 Uhr kam die Insel Hirro in Sicht, wir liefen mit Ostkurs an ihr vorbei. Der normale Dienstbetrieb lief an Bord bis zum 28.03. um 05.00 Uhr, da hatte uns ein Zerstörer ausgemacht und lief mit Höchstfahrt auf uns zu, allerdings ca. 2000 m vorbei, das war unser Glück. Es mußte ein Geleitzug in der Nähe sein. Mehrere U-Boote wurden von unserem Admiral zu dem U-Boot-Rudel „Seeräuber" zusammengefaßt. Nach dem Auftauchen haben wir erstmals Fühlung mit einem Geleitzug außer Sichtweite mit dem FUMB gehalten (Funkmessbeobachtung).
Wir erlebten aber auch das erste Mal eine Radarortung von Schiffen. Es war uns völlig unverständlich, daß die Zerstörer über der Kimm, die etwa 8 Meilen weg ist, direkt auf uns zukamen. Sie drückten uns unter Wasser, und wir fielen für weitere Angriffe aus. Das Boot sackte nach hinten, es war nicht in der Lage zu schießen.
Es mußte also Ortung sein, wir hatten als neues Gerät das Biskaya-Kreuz mit. Das war ein Holzkreuz mit aufgeschraubter Empfangsantenne, womit wir feindliche Ortung feststellen konnten. Das Kreuz mußte aber vor dem Tauchen immer mit runtergenommen werden, weil die Kabel zunächst durch das Turmluk führten.
Durch dieses Biskaya-Kreuz konnten wir in etwa die Entfernung zum Gegner feststellen. War der Ton leise, lagen die Gegner weit weg, und wir konnten mit voller Fahrt nach vorn gehen. War der Ton mittel, gingen wir etwas ab, war der Ton laut, dann setzten wir uns mit voller Fahrt ab.
Wir kamen heran, aber zwischen dem Geleitzug und uns liefen neutrale Dampfer auf Gegenkurs. U-„Sturm" tauchte zum Angriff weg und griff den mittleren Dampfer in der ersten Reihe an, Treffer, ein Muni-

tionsdampfer, der sofort in die Luft flog. Wir liefen immer noch über Wasser, setzten uns vor, neben uns zwei andere U-Boote, die zum Angriff wegtauchten. Unser Kommandant drehte das Boot nach Bb., weil wir an der Steuerbordseite des Geleitzuges standen und schoß einen Viererfächer direkt in die zweite Reihe des Geleitzuges. Im selben Moment, als die Torpedos die Rohre verließen, drehte der Geleitzug hart nach Bb. ab. Alle vier Torpedos liefen vorn vorbei.
Jetzt hatte uns ganz plötzlich eine Korvette, wir kamen nicht mehr unter Wasser und eröffneten sofort mit 2 2-cm-Flakkanonen und 4 MG-34 das Feuer und lagen voll im Ziel.
Die Korvette drehte ab! Wir hatten keinen Treffer erhalten, sie hatte uns allerdings abgedrängt, und wir kamen nicht mehr zum Schuß.
Der Geleitzug war zu diesem Zeitpunkt gesprengt, die Dampfer stoben auseinander.
Wir tauchten nicht, liefen aber bis zur Dämmerung an St.-B.-Seite des Geleitzuges mit und staffelten uns mit Höchstfahrt wieder heran. Der weit auseinander gezogene Geleitzug sammelte sich wieder, einige Bewacher, die weiter weg standen, wurden von uns ausgemacht und umgangen. Ein großer Passagierfrachter von 7000 BRT. wurde vom Kommandanten wiedererkannt, den er im Geleit vergeblich beschossen hat. Der große Dampfer blinkte Grün-Grün-Rot. Wir ackerten nach vorn, wurden abgedrängt, gingen in Höchstfahrt weit vor den wieder zusammengefaßten Geleitzug und ließen uns zwischen den Dampfern einsacken.
Angriff auf den Passagierdampfer, zwei Torpedos verließen die Rohre, Treffer nach 1 min. 20 s., Dampfer brennt und sackt achtern tiefer und sinkt. Wir gingen unter Wasser und hatten erst mal Ruhe vom Gegner. Sofort Torpedos nachgeladen und wieder hoch.
Der Geleitzug hat sich wieder formiert.
Alles, war wir für unsere Verteidigung brauchten, lag griffbereit. Der Geleitzug bestand aus 8-10 Dampfern und 8 Sicherheitsfahrzeugen, meistens Korvetten. Wir konnten noch einen Torpedotreffer auf dem ersten Dampfer sehen, der sofort in die Luft flog.
Jetzt fielen uns plötzlich beide Luftverdichter aus, es blieb unserem Kommandanten nichts anderes übrig, als sich abzusetzen. Wir mußten vom Geleitzug zur Reparatur abgehen.
Als die Luftverdichter wieder klar waren, hatten wir den Geleitzug verloren, er war für uns nicht mehr erreichbar.
Bei uns wurde der Brennstoff knapp, wir mußten von einem mitlaufenden Boot versorgen.
Am 04.04. trafen U.172 und U.512 (Kmdt. Kaptlt. Neitzel) zusammen. Eine Brennstoffübernahme war durch hohen Seegang nicht möglich, kein Mann konnte sich an Oberdeck halten.
Am 05.04. um 10.15 Uhr hatte sich das Wetter etwas gebessert, und die Kommandanten riskierten die Schlauchverbindung bei Seegang 3-4, 30 cbm Dieselöl wurden von uns übernommen. Als die Schlauchverbin-

dung losgeworfen war, traten wir sofort den Rückmarsch an. Das Treiböl reichte bis zu unserem Stützpunkt Lorient. Es war Zeit, Reparaturen auszuführen, die in den letzten Tagen nicht durchgeführt werden konnten.
Am 07.04.1943 um 14.20 Uhr griff uns ein viermotoriger Bomber, der aus der Sonne kam, an. Es begann ein Abwehrkampf mit allen Waffen. Der Halifaxbomber drehte schon in den ersten Feuerstößen ab, wir schossen Dauerfeuer, der Bomber hielt sich außerhalb unserer Waffenreichweite und umkreiste uns dauernd. Nach einer halben Stunde war der zweite Bomber da, jetzt ging der Kampf nach beiden Seiten los. Der Kommandant setzte die 10,5-cm-Seezielkanone ein. Ein Treffer war unwahrscheinlich, aber die Bomber kamen nicht heran.
Jetzt griffen sie uns aus über 2000 m Höhe an, und außerhalb unserer 2-cm-Flakkanonen warfen sie Bomben auf das Boot. Keine traf zum Glück. Die Hälfte aller Bomben waren Blindgänger, aber ein Blindgänger wäre für uns auch tödlich gewesen. Bis um 16.20 Uhr schlugen wir uns mit den Bombern herum, dann flogen sie ab.
Als sie 6000 m weg waren, tauchten wir sofort und hatten unter Wasser erst mal Ruhe.

Das Nervenflattern ebbte ab, das Unterdeckspersonal wollte wissen, was oben los war, den Abwehrkampf feierten wir alle wie einen Sieg. Der Munitionsverbrauch war sehr hoch, in den 2 Stunden Kampf hatten wir 3/4 unserer 2-cm-Munition rausgeschossen.
Nur noch ein gebrauchtes 2-cm-Rohr hatten wir zur Verfügung, die anderen 3 Reserverohre waren innen glatt geschossen wie eine Schrotflinte. Einen solchen Kampf konnten wir uns nicht mehr leisten. Munitions- und Materialmangel für die Kanonen würden uns zwingen, bei Feindberührung unter Wasser zu gehen. Bei einem Alarmtauchen vergehen immerhin 40 s., ehe das Boot unter Wasser ist. In dieser Zeit ist ein Flugzeug längst über dem Boot. Wir würden die Wasseroberfläche nicht mehr sehen. Im Boot ging die Arbeit weiter, leergeschossene Magazine wurden aufgefüllt und Munition für die MG's gegurtet, alles wie schon gehabt. Jetzt die Freiwachen erst mal in die Kojen und ausgeschlafen, man wußte ja nie, was auf einen zukam, wenn wir über Wasser liefen. Am 08.04. um 22.50 Uhr wieder 2 Flugzeuge, die uns nicht sahen, wir kamen schnell unter Wasser, ein Glück. Unser Kommandant und wir wußten, daß bei den Feindstreitkräften ein großes Suchen nach uns losging, die Schlappe wollten sie auswetzen. Das unwahrscheinliche Glück, das wir bis jetzt hatten, blieb uns treu!
Wir waren Rückmarschierer, also auf dem Heimmarsch, normale Brückenwache und zwei Mann an den Kanonen, wir wollten nicht überrascht werden. Wir waren in der Biskaya und mußten am 17.04.1943 um 04.15 Uhr am Treffpunkt stehen, damit uns das Geleit

aufnehmen konnte, und liefen hohe Fahrt. Pünktlich angekommen, vom Geleit aufgenommen und um 07.55 Uhr in Lorient, Bunker Keroman festgemacht.

Erst jetzt, als wir eine viele Meter dicke Betondecke über dem Kopf hatten, konnten wir kräftig und befreit durchatmen. Aber es lag schon alles hinter uns; nur nicht zurückdenken - noch das Boot ausräumen und dann auf Urlaub. Wie ein Bier schmeckt, wußten alle Männer nicht mehr, das wurde jetzt verstärkt nachgeholt, bis es an den Ohren wieder herauslief. Unser Kommandant schüttelte nur mit dem Kopf und tat es uns nach, alle Männer gönnten es ihm.
Wir waren 55 Tage auf See und hatten 8505 Seemeilen zurückgelegt, für mich, die seemännische Nr. 3, war es die kürzeste Unternehmung überhaupt. Im Nordatlantik, von schweren Stürmen an der Eisgrenze geplagt, war das Leben in einem U-Boot eine Qual.
Im Mittelatlantik ist das Wetter besser, aber die Angriffe der Luft- und Seestreitkräfte der Alliierten intensiver, das gleicht sich im Endeffekt aus.
Im Nordatlantik bei schwerer See legten wir uns quer, wurden völlig überspült und konnten von Feindstreitkräften nicht gesehen werden, kämpften dabei aber mehr gegen die See als gegen den Feind.
Im Südatlantik das Gegenteil, ruhige und glatte See war die Regel, aber leicht auszumachen durch feindliche Streitkräfte, Gefechte gegen Flugzeuge waren die Regel.

Stellungnahme des Befehlshabers der U-Boote
Zum Kriegstagebuch U-172 (Emmermann) vom 28.12.42./17.04.1943:
Ausgezeichnete Unternehmung.
Alle Angriffe zeigen das hohe Können, die schnelle Entschlußkraft und das Draufgängertum des Kommandanten.
Die Durchführung der Angriffe auf die Einzelfahrer, des Angriffs auf das Unverzagt-Geleit und der Abwehr der Halifax-Bomber ist vorbildlich.
Anerkannte Erfolge:

1 Mun.-Dampfer	*9000 BRT. versenkt*
1 MA	*3041 BRT. versenkt*
1 TA	*5562 BRT. versenkt*
1 Pass.-Frachter	*8000 BRT. versenkt*
1 Frachter	*6000 BRT. versenkt*
1 DA	*6800 BRT. versenkt*
1 Pass.-Frachter	*10000 BRT. versenkt*
1 Pass.-Frachter	*7000 BRT. versenkt*

insgesamt 8 Schiffe mit 55406 BRT. versenkt.

Für den Befehlshaber der Unterseeboote
- Der Chef der Operationsabteilung -

U.S.-amerikanische Stellungnahme zur 4. Unternehmung von U-172

Die Atlantikfahrt von U-172 begann am 21. Februar 1943 nach 8wöchiger Liegezeit, während der keine ungewöhnlichen Reparaturen auftraten und auch keine baulichen Neuerungen hinzugefügt wurden, mit dem Auslaufen aus Lorient. Diese Fahrt dauerte erste 56 Tage und war ziemlich erfolgreich. Die Offiziere dieser Fahrt waren:
Kommandant Kapitänleutnant Carl Emmermann
Erster Offizier Leutnant z. S. Hermann Hoffmann
Zweiter Wachoffizier Oberleutnant z. S. Klaus Hackländer
Leitender Offizier Oberleutnant (Ing.) Lothar Dick
Als sie eine Woche auf See waren, traf die U-172 U-Staats (O.N.I. Anmerkung: U-508 wird von Kapitänleutnant Georg Staats, Diensteintritt 1935, kommandiert; Erster Offizier: Kapitänleutnant Erich Mäder, 1936; Leitender Offizier: Kapitänleutnant (Ing.) Gerhard Reuter, 1936. U-508 ist zuerst versenkt, und später schwer beschädigt und zur Reparatur in Lorient liegend gemeldet worden. Es war beim Durchqueren der Biskaya durch einen Flugzeugangriff schwer beschädigt worden und angeblich durch 4 Löcher im Druckkörper tauchunfähig. Auch ein Diesel war angeblich nicht funktionstüchtig. Um die Gefahrenzone hinter sich zu bringen und gleichzeitig Reparaturen auf U-508 durchzuführen, setzten die zwei Boote gemeinsam ihre Fahrt in westliche Richtung fort. Eine Sauerstoff-Azetylen-Schweißausrüstung wurde an Bord des beschädigten U-Bootes gebracht, welches sich darauf vorbereitete, nach 2 Tagen ununterbrochener Arbeit zu tauchen.
Dann legte U-172 mit Treibstoff von U-Staats ab. Letzteres drehte und fuhr nach Lorient, wo umfangreiche Reparaturen begannen.

Kapitänleutnant Emmermann fuhr dann bis zum 4. März nordwärts, als er ein nicht identifiziertes Munitionsschiff versenkte und 9000 Tonnen für sein Konto als versenkt angab. (O.N.I. Anmerkung: Höchstwahrscheinlich handelte es sich bei diesem Schiff um die britische M/V CALIFORNIA STAR, 8300 Tonnen, gesunken am 4. März 1943, 42° 32' N. - 37° 44' W.). U-172 war diesem Schiff so nahe, daß die Erschütterung bei deren Explosion fast wie eine nahe Wasserbombe wirkte.

THORSTRAND

Zwei Wochen später versenkte U-172 die Thorstrand, einen norwegischen Frachter, und brachte weitere 3041 Tonnen auf sein Konto. (O.N.I. Anmerkung: Thorstrand wurde am 6. März 1943 um 20.05 Z torpediert und sank um 22.30 Z. Nationalität und Tonnage wurden von Kapitänleutnant Emmermann richtig verzeichnet).

„Gruppe Unverzagt"

Kurze Zeit nach Versenkung der Thorstrand erhielt U-172 Befehl, sich der nahen Gruppe „Unverzagt" in deren Angriff auf einen nach Osten laufenden Konvoi anzuschließen. Angeblich befanden sich in dieser

Gruppe 5 U-Boote. (O.N.I. Anmerkung: Diese Gruppe war schon als Angriffs-Gruppe UGS-6 verzeichnet). Diese Gruppe betreffend wurde behauptet: „Henke hat Sicherung gestanden". Dies wurde als typisches Kennzeichen dafür gewertet, das U-Henke der Kontakthalter für „Unverzagt" war.

KEYSTONE

U-172 verzeichnete die Versenkung eines 5565-Tonnen-Frachters, welchen Emmermann als amerikanisches Schiff mit Namen SAGE BRUSH identifizierte. (O.N.I. Anmerkung: Kein Schiff dieses Namens wurde zu dieser Zeit in jenen Gewässern versenkt, aber die KEYSTONE von dieser Tonnage wurde torpediert und sank am 13. März 1943 in Position 37° 59' N. - 37° 40' W. Es war ein Nachzügler des Konvois UGS-6 und ist vermutlich das von Kapitänleutnant Emmermann genannte Schiff).

Drei Tage später war U-172 an die Spitze des Konvois gelaufen und tauchte. Nachdem die Sicherung aus Zerstörern über ihnen hinweg war, tauchte es in der Mitte des Konvois auf Periskoptiefe und verschoß alle 6 Torpedorohre in rascher Folge. Kapitänleutnant Emmermann meldete vier Treffer an vier Schiffen und beanspruchte die BENJAMIN HARRISON, die er als amerikanischen Transporter von 10000 Tonnen identifizierte, und drei andere Schiffe unbekannten Namens und Nationalität, die er jeweils auf 8000, 6800 und 6000 t schätzte, versenkt zu haben. (O.N.I. Anmerkung: richtig ist: die BENJAMIN HARRISON wurde getroffen und von einem Torpedo schwer beschädigt. Sie mußte von einem begleitenden Zerstörer versenkt werden. Kein anderes Schiff dieses Konvois wurde an diesem 16. März 1943 getroffen, was Emmermanns Behauptungen als reines Wunschdenken erscheinen läßt). Diesem Angriff folgte ein Gegenangriff, und U-172 brachte sich durch Tauchen in Sicherheit. Es wurde einige Wasserbomben geworfen, aber U-172 entstand kein Schaden. Am folgenden Tag tauchte Emmermann zwischen den Trümmern eines gesunkenen Schiffes auf. Einige Rettungsboote waren ohne Pumpen, Proviant, Kleidung etc., und einige Kisten wurden aus dem Wasser gefischt. Man behauptete, daß eine oder zwei Kisten an Deck des U-Bootes gezogen wurden. Die Untersuchung zeigte, daß die Kisten Fliegerbomben unspezifischer Art enthielten. Man fand dies nicht sehr lustig und beeilte sich, die Kisten schnell wieder über Bord zu werfen. Man behauptete, daß man anhand des Strandgutes das Schiff, von dem es stammte, nicht identifizieren konnte.

Kurz darauf erhielt U-172 Anweisung von B.D.U.: „Emmermann, bleiben Sie an erreichter Position, beginnen Sie die Rückfahrt nach Ölabgabe". U-Neitzel kam bei ihnen an und übernahm Öl von U-Emmermann. (O.N.I. Anmerkung: Fregattenkapitän Karl Neitzel war C.O. von U-510). Als Neitzel bei diesem Treffen an Bord von U-172 kam, backte der Koch von U-172 einen Kuchen mit einem großen Ritterkreuz aus Zuckerguß über dem Eisernen Kreuz in Anerken-

nung seiner kürzlich erfolgten Auszeichnung. Es wurde behauptet, daß Oberleutnant Eick später Neitzels Boot übernahm.
Etwa um diese Zeit traf U-172 auch U-Witte. (O.N.I. Anmerkung: für U-159 gehalten), von dem sie Leutnant (Ing.) Hauser übernahmen, der Oberleutnant (Ing.) Dick ablöste, welcher an einem Magenleiden erkrankt war. (O.N.I. Anmerkung: Leutnant (Ing.) Josef Hauser, Diensteintritt Oktober 1939). Dick blieb während der Rückfahrt an Bord von U-172, war aber ohne Aufgabe. Danach wurde Leutnant (Ing.) Hauser zum Oberleutnant (Ing.) befördert. Weiterhin wurde berichtet, daß man U-Keller traf, und einen 48jährigen kranken Leitenden Offizier für die Rückfahrt an Bord nahm. So waren die letzten 2-3 Wochen dieser Fahrt drei Leitenden Offiziere an Bord, von denen zwei dienstunfähig waren.
In die Liste der erwähnten Versenkungen ist die 26. folgendermaßen eingetragen: 16.03.1943, Name des Transporters? Nationalität? 7000 BRT. Verhöre und Notizbücher der Besatzungsmitglieder zeigten, daß das oben genannte Datum ein Druckfehler war, und daß das richtige Datum der letzten Kampfhandlungen dieser Fahrt der 29. März war. (O.N.I. Anmerkung: Die im Konvoi fahrenden britischen Frachter EMPIRE WHALE, 6159 Tonnen, und UMARIA, 6852 Tonnen, wurden am 29. März 1943, etwa in Position 46° 44' N. - 16° 38' W. versenkt. Wahrscheinlich war eines dieser beiden das erwähnte Schiff.
U-172 erreichte am 17. April 1943 Lorient, nachdem es einen Flugzeugangriff mit seiner 105-mm-Kanone und 37-mm-Geschütze abgewehrt hatte. Obwohl die 105-mm-Kanone keine Flugabwehrkanone war, konnte sie in diesem Kampf erfolgreich eingesetzt werden, und das U-Boot war in der Lage, sich durch Tauchen in Sicherheit zu bringen. Zweimal wurden Torpedos aus den Oberdeckbehältern nach unten gebracht; einmal vor der „Unverzagt"-Aktion und einmal danach. Bei Ankunft im Stützpunkt war nur noch ein Torpedo an Bord. Auf dieser Fahrt wurden sie mit keinen Torpedos versorgt. Es wurde berichtet, daß auf dieser Fahrt „Foxer" zum ersten Mal gehört wurden.
(Handschriftliche Anmerkung: Dies ist zweifelhaft. Foxer nicht vor September '43 eingeführt). Es gab gesicherte Angaben über Schwierigkeiten mit der Frischwasser-Destillationsanlage, die weit unter ihrer Kapazität arbeitete. Das Wasser wurde streng rationiert, bis die Anlage auf See repariert wurde.
Als am 19.04.1943 das Boot von der letzten Unternehmung festmachte und ausgeräumt wurde, ahnte noch kein Mann der Besatzung, was die nächste Fahrt bringen würde. Erst mal auf Urlaub!
Wie Sie wissen, gibt es Urlaub in zwei Törns, die ersten waren zwei Tage später bereits im Urlauberzug. Dieses Mal ging ich nicht in Urlaub, mein Kamerad Obermaat Schmidt ging nach Hause auf Heiratsurlaub, da ist ein Törn natürlich zu kurz, und ich stellte ihm meinen Urlaub zur Verfügung, er freute sich sehr. Als seemännische Nr. 3 hatte ich die ganze Arbeit des Aufräumens auf dem Hals, wir waren bemüht, das Boot so schnell wie möglich leer zu bekommen, denn das bedeutete

Freizeit. Bei uns, der „U-Waffe", ging das anders zu als bei den anderen Wehrmachtteilen; im Hafen liefen wir alle an der langen Leine. Daß im Hafen das Leben anders war, als in einer Garnisonsstadt, können Sie sich vorstellen, das Angebot der Unterhaltung war nicht mit Binnenstädten vergleichbar. In der ganzen Zeit, in der ich auf einem „U-Boot" fuhr, hatten wir von unseren Besatzungsangehörigen keinen Ausrutscher, der zu ernsthaften Klagen Anlaß gab.
Die Wachen von einem Maaten und 4 Mann wurden an Bord auch in der Werftliegezeit voll gegangen, größte Aufmerksamkeit verlangte dieser Wachdienst, um Sabotageakte von feindlichen Agenten, die überall waren, zu unterbinden. Wenn ich als Wachmaat nachts in der Koje lag, hatte ich eine Flaggleine am Bein festgebunden, wenn irgendetwas nicht stimmte, zog der auf Posten stehende Kamerad vom Turm aus nur an der Leine, und ich wurde wachgerüttelt.
Die Werftliegezeit dauerte, wenn keine großen Beschädigungen vorlagen, in der Regel 4 Wochen, so wurde das im allgemeinen veranschlagt. Der erste Urlaubstörn kam zurück, der zweite fuhr los, und ein paar Tage vor dem Auslaufen kamen auch die Kameraden vom 2. Törn zurück. Jetzt, nachdem der Urlaub vorbei war, lag auch schon die Ausrüstung für die nächste Fahrt bereit, die Flottille arbeitete schnell, um die Boote wieder an die Front zu bekommen.
Wir gingen in den letzten Tagen noch mal an Land, der eine hierhin, der andere dorthin, je nach Sinn und Laune, jeder Geschmack war anders. Ich muß zugeben, es wurde viel Alkohol heruntergeschluckt, man kann als „U-Bootfahrer" nie wissen, ob es das letzte Mal ist. Es war April 1943, und es hatte sich herumgesprochen, daß das große Sterben im Atlantik im Gang war. Besatzungsangehörige, die für einen Oberfeldwebellehrgang oder Maatlehrgang kommandiert wurden, mußten ersetzt werden. Neue Männer kamen von der Personalreserve der Flottille.
Die Abschnittsleiter paßten auf, daß nicht zu grüne Hasen dabei waren, denn das kann tödlich sein.
Der Kommandant versuchte, beim Flottillenchef so wenig wie möglich eingefahrenes Personal abzugeben, wir Maate waren ihm dankbar, die Obergefreiten, die zu einem Unteroffizierslehrgang wollten, nicht.
Die Besatzung, die die hier beschriebene Unternehmung mitmachte und mit großem Glück und Können nach Hause kam, ist wie folgt aufgegliedert.
Kommandant: *Carl Emmermann, Kapitänleutnant*
I. Wachoffizier: Hermann Hoffmann, Leutnant z. See
II. Wachoffizier: Klaus Hackländer, Obr.Ltnt. z. See
III. Wachoffizier: Karl Duwe, Obersteuermann
Leitender Ingenieur: Karl-Heinz Frohwein, Leutnant Ing.
Obermaschinist/Diesel: Walter Gerke, Obermaschinist
Obermaschinist/E.Masch.: Max Schubert, Obermaschinist
Seemännische Nr. I: Erich Matuzak, Oberbootsmaat

Seemännische Nr. II: Erich Schmidt, Bootsmannsmaat
Seemännische Nr. III: Herbert Plottke, Bootsmannsmaat
Torpedomechaniker: Heinz Trompelt, Obr.Mech.Maat
Zentralemaat I: Arno Markgraf, Masch.Obr.Maat
Zentralemaat II: Baltasar Schuy, Maschinenmaat
Dieselmaat I: Otto Lemke, Masch.Obr.Maat
Elektromaat I: Ewald Banse, Masch.Obr.Maat
Elektromaat II: Alfred Peter, Maschinenmaat
Funkmaat I: Hans Häßler, Oberfunkmaat
Funkmaat II: Werner Birnstiel, Funkmaat
Gefechtsrudergänger: Hermann Sager, Matr. Obergefreiter
Smut/Koch: Alfred Meißner, Matr. Obergefreiter
Seeleute: Rudi Bender, Matrosengefreiter
Heinz Christiani, Matr. Obergefreiter
Ernst Hülzmann, Matr. Obergefreiter
Horst Höhmann. Matr. Obergefreiter
Bernhard Krüger, Matr. Obergefreiter
Helmut Schäfer, Matr. Obergefreiter
Walter Schmied, Matrosengefreiter
Josef Wieser, Matr. Obergefreiter
Josef Wagner, Matrosengefreiter
Torpedomechaniker: Günther Meissner, Mech. Obergefreiter
Egon Bender, Mech. Gefreiter
Werner Herkner, Mech. Gefreiter
Zentrale: Willy Madrowsky, Masch. Obergefreiter
Günther Gutzeit, Masch. Obergefreiter
Dieselraum: Walter Stenzel, Masch. Obergefreiter
Karl Lindmoser, Masch. Obergefreiter
E.-Maschinenraum: Peter Dürr, Masch. Obergefreiter
Anton Köhler, Masch. Obergefreiter
Funkraum: Egon Liebschner, Funkgefreiter
Isidor Kühn, Funkgefreiter

Eine Unternehmung, die zu einer der dramatischsten der U-Waffe werden sollte!
Die Dramatik lag nicht im militärischen Bereich, vielmehr in der abverlangten Härte, im Leistungs-Durchhalte- und Stehvermögen der Besatzung.

V. Unternehmung

Am 29.05.1943 haben wir, U-172, die Leinen im Bunker-Keroman-Lorient K 12 losgeworfen und abgelegt. Im Hafen, Prüfungstauchen und Einschießen der Waffen. Mit U-508 (Kapitänleutnant Georg Staats) gingen wir unter Sperrbrechergeleit bis zum Auslaufpunkt.
Die Besatzung steht bis auf ein paar Männer im Boot, mit Schwimm-

westen an Oberdeck. Eine Vorsichtsmaßnahme, um bei Minentreffern keine großen Verluste zu erleiden.
Ein- und Auslaufkurs wurde von gegnerischen Luftstreitkräften immer wieder mit Magnetminen verseucht.
Zwischen den beiden Sperrbrechern, um 15.30 Uhr eine Minendetonation. Um 16.50 Uhr wurden die beiden Boote, nachdem uns die beiden Sperrbrecher entlassen hatten, von drei M.S.-Booten übernommen und zum Auslaufpunkt-Bogenlampe begleitet, die Besatzung stieg ein und ging auf Gefechtsstation.
Mechanikergefreiter Bender, der sich beim Regeln eines Torpedos durch einen Kurzschluß schwere Verbrennungen zuzog, wurde ersatzlos an ein M.S.-Boot abgegeben und fuhr nach Hause. Um 21.15 Uhr hatten zwei M.S.-Boote eine Havarie, alle drei Boote liefen nach Hause, ein Geleit von diesen Booten konnte nicht mehr gestellt werden.
Das dritte, nach uns ausgelaufene Boot U-530 (Oberleutnant z. See Otto Wermuth) schloß auf, und so liefen wir bis zum äußeren Auslaufpunkt ohne Überwasserschutz weiter.
Am 01.06. hatten wir, mitten in der Biskaya, eine rauhe See, Wind WSW 5, Seegang 4. Bei diesem schlechten Wetter sind wir getaucht, alle drei Boote liefen jetzt ihren eigenen Kurs. In Über- und Unterwasserfahrt haben wir uns eingefahren, unsere Waffen in Schießübungen überprüft.
Am 02.06. haben wir die Biskaya verlassen und sind zum Überwassermarsch aufgetaucht.
Die Biskaya wurde von gegnerischen Luft- und Seestreitkräften unter starker Bewachung gehalten, Anti-U-Boote und Flugzeuge legten von Kap-Finnesterre bis an den Kanal einen Sperrgürtel, den wir mit größter Vorsicht zu durchqueren hatten. So manchem U-Boot oder auch britischem Flugzeug ist dieses Gebiet zum Verhängnis geworden; sie kamen nicht wieder und sind verschollen. Wir hatten es geschafft, diese Wegstrecke lag hinter uns. In dem Atlantik, dieser Wasserwüste, tobte ein Kampf von in der Vergangenheit nicht gekanntem Ausmaß.
Die Deutsche U-Boot-Waffe kämpfte gegen eine riesige Übermacht der alliierten Luft-und Seestreitkräfte einen erfolgreichen Kampf, bisher! Ein großer Erfolg für die U-Waffe war noch der 01.05.1943, als von U-515 (Kommandant Kapitänleutnant Henke) aus einem nach Freetown gehenden Geleitzug (TS 37) 5 Schiffe herausgeschossen wurden. Der Erfolg von Kapitänleutnant Henke und seinem Boot waren 30695 BRT. Beute. Am Nachmittag des 02.06. griff uns ein Halifaxbomber an, er stieß aus einer Wolke direkt auf uns runter, zum Tauchen zu spät, MG-klar, der Kampf begann.
Wir schossen mit 2 2-cm-Kanonen und 2 MG's Dauerfeuer auf den Bomber, der sofort abdrehte und keine Bomben warf. Alarmtauchen! Als wir unter Wasser waren kamen 6 Fliegerbomben, die keinen Schaden anrichteten. Wir hatten wieder einmal ein unwahrscheinliches Glück. Sofort Magazine neu gefüllt und MG-Munition gegurtet, alles

für den nächsten Tanz zurechtgelegt. U-172 marschierte weiter in den Atlantik hinein.
Öl und Verpflegung mußten für eine lange Fahrt ergänzt werden. Neutralen Dampfern wurde ausgewichen, um unseren Versorgungspunkt anzusteuern, wir hatten gutes Wetter, konnten also gut Schlauchverbindungen herstellen und mit Schlauchbooten operieren.
Am Vormittag, um 09.40 Uhr griffen uns Trägerflugzeuge an, das Boot kam schnell unter Wasser, also ein Flugzeugträger in der Nähe. Größte Vorsicht war geboten, um nicht in einem Kampf verwickelt zu werden.
Der Kampf mit einem Flugzeugträger und seinen Flugzeugen und den dazu gehörigen Zerstörern ist in der Regel aussichtslos. Nur mit einem Riesenglück kommt man da weg. Durch das Luftzielseerohr konnten wir feststellen, daß der Träger immer noch in der Gegend ist, also unten bleiben, ein Flugzeug vom Typ „Marlet" direkt über dem Boot. Wir sind unten geblieben und nach Süden abgelaufen.

Unter Wasser hörten wir viele Fliebos und Wabos, wahrscheinlich unser Versorgungsboot getroffen. So war es! Um 16.30 Uhr sind wir aufgetaucht und sofort von 2 Trägerflugzeugen angegriffen worden, wir schossen, was aus den Waffen raus ging, in der Zentrale wurden die leer geschossenen Magazine in fieberhafter Eile nachgefüllt und durch den Turm nachgereicht. Oberbootsmaat Schmidt und ich stimmten uns ab, wie wir die ausgeschossenen Rohre wechseln, das ging auf Zuruf und mußte blitzschnell geschehen.
Der Kommandant fuhr das Boot im Zick-Zack und drehte es so, daß kein Flugzeug von vorn oder achtern anfliegen konnte.
Wenn ein Flugzeug die Längsachse des Bootes im Visier hat, kann es mit seinem Feuer das ganze Boot bestreichen, eine gefährliche Sache für uns. Greifen die Flugzeuge von Backbord oder Steuerbord an, haben sie in ihrem Visier nur eine kleine Höhe.

Die angreifenden Flugzeuge mußten schon in einer Entfernung von 2000 Metern vom Abwehrfeuer erfaßt werden, in dieser Entfernung vom Boot konnten sie noch abdrehen. Sie drehten ab. Waren sie zu nahe am Boot, gab es für sie nur den Angriff, denn wenn sie jetzt abdrehten, konnten sie nicht mehr schießen, zeigten uns die Unterseite und wurden abgeschossen. Das wußten sie und wir, die Abwehr gelang uns immer. Wir, unser U-172, hatten dadurch den größten Munitionsverbrauch, aber wir blieben am Leben.
Die Kämpfe gingen tagelang immer hin und her, bis unser Kommandant sich mit dem Boot entgültig abgesetzt hatte.
Am 16.06. trafen wir unseren Versorger U-530 und übernahmen sofort 25 qm Treibstoff, Proviant und den Mech.Ober.Gefrt. Herkner als Ersatz für den schon beim Auslaufen abgegebenen verletzten Mech.Gefrt. Bender.

Wir liefen weiter in den Südatlantik hinein, mußten schnellstens unser Operationsgebiet erreichen. Das Boot stand kurz vor dem Äquator, alle Hände wurden gebraucht, um die Äquatortaufe vorzubereiten, 12 Besatzungsangehörige sind noch nicht über die Linie gefahren. Die Taufe, eine alte Tradition der Seefahrt, wurde auch von unserem U-172 beibehalten.
An Oberdeck war nicht mehr zu denken, also an Unterdeck, bei der Unterwasserfahrt.
Am 23.06. um 12.00 Uhr kam Admiral Triton an Bord, um sich die Täuflinge anzusehen. Am 24.06. um 12.00 Uhr wurde SM Neptun vom Kommandanten empfangen.
SM Neptun setzte sofort seine Trabanten ein, und die Taufe begann. Alle 12 Täuflinge wurden einer Tortur unterzogen, die sie niemals vergessen werden, die Racheschwüre der vorletzten Unternehmungs-Taufe wurde in die Tat umgesetzt. Alle wurden bedient, so wie sie es verdient hatten.
Der Schmutz der nördlichen Halbkugel wurde mit drastischen Mitteln abgewaschen.

Am 28.06. standen wir schon weit im Südatlantik und hatten unser Operationsgebiet erreicht, Waffen, Torpedos und die Technik an Bord in Ordnung und einsatzbereit. Doppelt besetzte Brückenwachen schützten uns vor Überraschungsangriffen der gegnerischen Luftstreitkräfte, das Fernglas bekamen die Seeleute nicht mehr von den Augen. Es war gutes Wetter, Wind SO 3-4, Seegang 3. Das Boot stand über Wasser, als um 05.00 Uhr ein Schatten auflief, das Boot ging sofort große Fahrt. Dampfer, zackend auf Südkurs, der Kommandant setzte das Boot vor und dampfte den Frachter aus.
Um 06.40 Uhr Doppelschuß aus Rohr I und II, Treffer nach 57 s. im vorderen Laderaum, um 07.00 Uhr ist der Dampfer gesunken. Engländer CARNISH-CITY, 4952 BRT. Das Operationsgebiet wurde von mehreren Booten abgesucht, wir standen südostwärts der Insel Fernando de Noronha. Das Wetter, für uns durch die ruhige See sehr ungünstig, man kann ein Boot sehr weit sehen, also erst mal Unterwassermarsch. Dabei geht es im Boot, wie üblich, sehr ruhig zu, nur die Wache ist auf Station, die Freiwache liegt in den Kojen, um Sauerstoff zu sparen, der einzig Beschäftigte ist der Smutje. Rollenexerzieren, Tiefensteuerübungen, Torpedoregeln und Überprüfungen der Technik im Diesel- und Elektromaschinenraum wurden vorgenommen, um immer einsatzklar zu sein.

Wir hatten von unserem Befehlshaber freie Jagd, liefen mit mäßiger Fahrt und sahen zu, daß wir einen Dampfer erwischten. Ab 30.06. liefen wir mit U-513, U-199, U-185, U-604, U-598 und U-591 in einem großen Aufklärungsstreifen auf die brasilianische Küste zu. Wir hatten gutes Wetter, Wind Ost 3-4, Seegang 2, für uns gefährlich, die gegneri-

schen Luftstreitkräfte hatten gute Sicht und kamen aus der Sonne heraus, nahe an uns heran.
Kriegstagebuch: Am 06.07. 10.25 Uhr ein F.T.-Eingang an Kapitänleutnant Emmermann: „In dankbarer Würdigung Ihres heldenhaften Einsatzes im Kampf für die Zukunft unseres Volkes verleihe ich Ihnen als 256. Soldaten der deutschen Wehrmacht das Eichenlaub zum Ritterkreuz des Eisernen Kreuzes. Adolf Hitler". Wir hatten an diesem Tag 133,5 Seemeilen zurückgelegt. Funkeingang. Nach neuen ersten Meldungen läuft starker Einzel- und Geleitverkehr von Süden nach Osten kommend, im Marinequadrat FJJ 8470.
Hafen ist Sammelplatz für zusammenstellende Geleitzüge, es liegt „U-Bootsicherung" vor.
Die Boote sollten während der Vollmondzeit auf den Verkehr Rio -Kapstadt operieren, dann wieder unter der Küste südlich Bahia. Die 7 Boote durchpflügten den brasilianischen Küstenstreifen wie Haie, die nach Beute suchten, tagelang.
Am 12.07. stand U-172 im Südatlantik südostwärts Rio de Janeiro. Um 05.10 Uhr ein Damfer, der hin und her zackt, um U-Booten keine Angriffsmöglichkeit zu bieten, er machte mit 16-17 Seemeilen eine schnelle Fahrt. Unser Kommandant hat ihn ausmanövriert, bei Dunkelwerden lief er geraden Kurs und uns direkt vor die Rohre.
Dreierfächer aus Rohr I, II und IV, Treffer mittschiffs und im Heck. Dampfer sinkt sofort über den Achtersteven.
Amerikaner „AFRICAN-STAR" mit Stückgut und Erzen von Rio nach New York.
Um 18.00 Uhr hatten wir drei Flugzeuge, schnell getaucht, sie hatten uns trotz des guten Wetters und der langen Hecksee, die wir hinter uns herzogen, nicht gesehen.
Unser I. Wachoffizier Leutnant zur See Hermann Hoffmann und ich mit meinen Seeleuten waren ein gut eingefahrenes Brückenpersonal, unsere Wache war gut besetzt. Ebenso die II. und III. Seewache. Bei Flugzeugangriffen gab es kein Feuerkommando, wir schossen selbstständig sofort.
Das war immer unser großes Glück.
Alle Männer hatten eine gute Ausbildung hinter sich, und das zahlte sich in den Fahrten, die wir hinter uns hatten und noch haben werden, gut aus. Jeder konnte sich auf den anderen blind verlassen. Das gesamte Brückenpersonal suchte Himmel, Horizont und Wasser unablässig mit den Gläsern ab.
Überraschungen gab's in allen hier aufgeführen Dimensionen, wurden wir in einer so guten Wetterlage überrascht, konnte das das Ende sein. Die Flugzeuge, die uns einpeilten, griffen immer aus der Sonne heraus an, für uns schwer auszumachen. Im letzten Augenblick gesehen, ging der Kampf sofort los. Das geht alles in Sekunden, wer zuerst schießt und trifft, bleibt am Leben. Rechtzeitige Abwehr und schnelles Schießen lernt man nur im Kampf und nicht auf der Schule.

Die gegnerischen Flugzeugbesatzungen hatten vor uns einen großen Respekt, ihre Verluste waren für sie eine Warnung. Wir, die in einer riesigen Wasserwüste stehen, 5000 Seemeilen von der Heimat entfernt, müssen uns unserer Haut wehren. Es ist Glück und Können, wenn sie ein Angriff abgewehrt wird, aber wir waren die Angreifer, die auf die alliierte Schiffahrt angesetzt waren. So mußte sich die Gegenpartei wehren mit den Mitteln, und diese Mittel waren nicht klein.
Unsere Versorgungslage spitzte sich zu, das Dieselöl und die Verpflegung nahmen rapide ab. Wir hatten nur noch 170 qm Öl und Verpflegung für gestreckte 3 Wochen.
Am 14.07.1943 ein Funkeingang: '1)..2)..3)..Emmermann voraussichtlich Mitte August Ergänzung möglich.' Das waren noch genau 4 Wochen. Das Wort „voraussichtlich" gab unserem Kommandanten zu denken. Die Besatzung wurde in solch einem Fall nicht unterrichtet, um Unruhe zu vermeiden. Also Mitte August hatten wir mit einer Aufstockung unserer Verpflegung zu rechnen. Die Überlebenden des von uns zuletzt versenkten Dampfers „AFRICAN-STAR" wurden mit Verpflegung ausgerüstet.
Am Abend des 14.07. haben wir Torpedos von den Oberdecks-Tuben ins Boot geladen. Bei diesem Umladevorgang ist das Torpedoluk offen, um die Aale abzulassen; in dieser Phase sind wir tödlich verwundbar. In 5 langen Unternehmungen, die ich mit diesem Boot machte, sind wir nie überrascht worden. Glück!
15.07.1943 um 17.56 Uhr Mastspitzen kommen über die Kimm, rechtweisend 270 Grad, ein Frachter. Der Kommandant setzte das Boot in schneller Fahrt vor und tauchte zum Unterwasserangriff. Im Heckanlauf Schuß aus Rohr V und VI, nach 59 s. Treffer im Maschinenraum des Frachters, er bläst Dampf ab, stoppt und setzt Boote aus.
Fangschuß aus Rohr I, Treffer vorderer Laderaum, Trümmer fliegen durch die Luft, Dampfer kentert nach Backbord und sinkt über den Vordersteven.
Engländer „HARMONIC" 4558 BRT. Beladen mit Stückgut von Buenos Aires nach Freetown. Nicht rangegangen, weitergelaufen. 24 Stunden später um 19.00 Uhr Dampfer mit Nordkurs, zackt etwa um 60-70 Grad, vorgesetzt.
Neuer Dampfer rechtweisend 40 Grad, kommt direkt auf uns zu. Können nicht ausweichen, wir haben kehrtgemacht und uns vorgesetzt, können die Geschwindigkeit nicht mithalten.
Trotzdem Doppelschuß aus Rohr I und III, Fehlschüsse!
Dampfer zackt auf uns zu, er hat uns gesehen, MG-Feuer und Schreckwasserbomben auf uns. Der Kommandant muß ihn laufen lassen, beide Dampfer weg!
In dieser Nacht haben wir nochmals 2 Oberdeck-Torpedos ins Boot geladen.
Am 24.07.1943 10.00 Uhr. Wir fuhren über Wasser, gingen den normalen Borddienst und waren mit Unterdecksarbeiten beschäftigt, als

uns eine Liberator angriff, der Kampf ging sofort los, wir schossen wie immer mit 2 2-cm-Flakkanonen und 2 MG-34 - Dauerfeuer. Angriff abgewehrt.
Das liest sich so leicht, aber das kostet Nerven. Das Flugzeug kommt herunter und schießt aus allen Knöpfen, wir zurück. wer die besseren Nerven hat, bleibt am Leben. Wir hatten die Nerven immer, bekommt unser Gegner tödliche Treffer, geht der im Atlantik baden. Bekommen wir eine Bombe ins Boot, sind wir an der Reihe, das wußte der und wir genau, und so verhielten wir uns auch.
Bis jetzt drehten die feindlichen Flugzeuge immer ab, bis auf einen.

Wie vorher beschrieben, nach jedem Gefecht Auffüllen der Magazine und MG-Munition gegurtet, Waffen wurden kontrolliert und wenn nötig Teile ausgetauscht.
Es muß alles, was wir zur Verteidigung gebrauchen, bereitliegen, denn das nächste Gefecht kann sofort sein. Wir waren immer in Spannung, nur in der Unterwasserfahrt klang die Erregung etwas ab. Die Männer, die im Boot auf Gefechtsstation standen und während des Gefechtes die Reservemagazine hochgaben und leergeschossene nachluden, hatten zu uns Seeleuten an den Waffen volles Vertrauen, sie hören den Gefechtslärm, können aber nicht eingreifen. Wir Seeleute waren zufrieden, wenn sie das Boot bei Alarmtauchen schnell unter Wasser bekommen. Aber weiter am heutigen Tag, am Nachmittag sind wir in großen Schlägen mit hoher Fahrt in unserem uns zugewiesenen Marinequadrat gefahren, in der Hoffnung, einen feindlichen Dampfer den Weg abzuschneiden und zu versenken. Wir hatten Glück, um 17.00 Uhr sahen wir über der Kimm eine Rauchwolke, auf die wir sofort zuliefen. Ein Dampfer kam mit gekappten Masten und F.T., Gestänge am Schornstein. Der Kommandant, der sofort auf die Brücke kam, setzte das Boot vor und tauchte, da der Dampfer direkt auf uns zukam, zum Unterwasserangriff. Es war 20.59, als zwei Torpedos die Rohre verließen, ein Doppelschuß aus Rohr II und IV. Treffer nach 59 s. Fangschuß aus Rohr 3, Treffer. Dampfer sinkt in einer Minute. Engländer „PORT CHITCHIN", 6000 BRT. von Rio mit Erz und Eisen nach Freetown.
Am 28.07. um 23.20 Uhr ein F.T.-Eingang: 'Für Emmermann ist ab etwa 28.08. Versorgung vorgesehen. Aus Angriffräumen sofort abmarschieren und so fahren, daß am Versorgungspunkt noch etwa 15 cbm Öl vorhanden.' Gespannte Versorgungslage!
Wir brachen unsere Suche nach feindlichen Schiffen sofort ab und marschierten mit sparsamstem Ölverbrauch in Richtung Versorgungspunkt. Uns blieben noch 3 Wochen.

Am 30.07. kam von unserem Flottillenchef der Funkspruch, daß wir, U-172, die zweite Million versenkte BRT. vollgemacht haben. Ein Stolz für die gesamte Besatzung. Er wünschte uns noch weiteren Erfolg.
Am 01.08.1943 standen wir mit unserem Boot um 00.00 Uhr im Mari-

nequadrat FR 7179 im Südatlantik fast 5000 SM von unserem Stützpunkt an der französischen Atlantikküste entfernt, eine riesige Entfernung. Dann kam ein Funkspruch am Nachmittag dieses Tages, der uns aufhorchen ließ. Alle Boote in Karibik an brasilianischer Küste, Freetown und Guineaküste:
1) Versorgungsmöglichkeit etwa in drei Tagen zu übersehen.
2) Außer der schon befohlenen brennstoffmäßigen Bindung: Abmarsch aus Operationsgebiet zu befohlenen Versorgungsplätzen antreten, sobald Proviantbestand von drei Wochen erreicht ist.
3) An jede Lagemeldung bzw. Meldung über Rückmarsch Proviantbestand anhängen.
Uns wurde am 04.08.1943 nochmals ein sparsamer Verbrauch von Treibstoff und Verpflegung durch Funkspruch nahegelegt und zur Pflicht gemacht.
Am 04.08. um 01.12 Uhr haben wir, U-172, den Rückmarsch zu unserem Stützpunkt angetreten, wir hatten eine Fahrt von 7 Wochen vor uns. Es geht nach Hause, dachten wir!
Wir haben das alles schon mal mitgemacht, mit der Verpflegung mußten wir uns schon ein paarmal strecken, was kommt jetzt auf uns zu? Jeden Tag mußte ich als Verpflegungsmaat beim Obersteuermann und Kommandanten antanzen und Bericht erstatten, den Verpflegungsbestand melden. Das ist keine leichte Sache, immer erst mit dem Smutje, unserem Kameraden Mißfeld, abgestimmt, marschierte ich in den Kommandantenraum, um meine Meldung abzugeben. Unser Kommandant wußte, daß ich das nicht genau konnte, aber auf drei Tage stimmte das immer. Jetzt veranlaßte ich in allen Räumen eine Proviantzählung, es wurde für uns im tiefen Südatlantik in der Versorgungslage kritisch.
Wir mußten nochmals 3 Torpedos von Oberdeck umladen. Die letzte, die wir oben hatten. Beim Umladen der Torpedos von Oberdeck nach Unterdeck herrscht immer ein hektisches Treiben im Bug oder Hecktorpedoraum. Ein Torpedo von einem Gewicht von 1 1/2 Tonnen muß bewegt werden. Keine einfache Sache, wenn wir ruhige See haben, ist das problemlos. Ab Seegang 3-4 geht das nicht mehr, das Torpedoluk, durch das die Torpedos abgelassen werden, liegt ungefähr 120 cm über dem Wasser, wir würden abgluckern, wenn wir das Luk öffnen. Es ging gut, alle Torpedos, die wir noch hatten, waren in den Rohren oder lagen zum Nachladen davor. Wenn wir unter Wasser nachladen, liegt das Boot ruhig, eine verhältnismäßig einfache Sache, bei der Überwasserfahrt, wenn sich das Boot in der See bewegt, wird das schwierig. Viele Kameraden der „U-Waffe" haben sich bei dieser Arbeit verletzt, Knochenbrüche und Quetschungen waren die Regel.
Können wir bei sparsamstem Verbrauch noch rechtzeitig versorgen? Zwei Fahrten vorher hatte es gerade noch geklappt, wir haben von unserem Versorger „U-459" die Schlauchverbindungen gerade gelöst und unseren Marsch fortgesetzt, etwa 2 Stunden später wurde er erledigt.

Einige Überlebende. Bei der letzten Fahrt lagen wir mit ein paar Eimern Dieselöl gestoppt und warteten auf unseren Versorger. Versenkt. Es dauerte eine Zeit, bis das am nächsten stehende Kampfboot zu uns stieß und uns mit Treiböl versorgte. Daß wir schwitzten, wird uns jeder abnehmen. Mit unserem Smut saß ich zusammen, und wir beide überdachten die Versorgungslage, Treiböl haben wir, aber Verpflegung? Unsere Besatzung und unser Boot „U-172" hatte immer ein unwahrscheinliches Glück.

Von einer Versorgung bis zur anderen klappte alles bis auf den Tag genau. Unser Standardversorger vom Typ XIV (Deutsche-Werke-Kiel) hatte eine Abmessung von:
Wasserverdrängung über Wasser: 1680 t
Wasserverdrängung unter Wasser: 2300 t
Länge: 67 m
Breite: 9,3 m
Tiefgang: 6,5 m
Maschinenleistung über Wasser: 3200 PS
Maschinenleistung unter Wasser: 750 PS
Geschwindigkeit über Wasser: 14,9 km
Geschwindigkeit unter Wasser: 6,2 km
Die Besatzungsstärke betrug: 53 Mann
Bewaffnung: 1 3-cm-Flak
2 2-cm Flak

Außer ihrem eigenen Ölverbrauch konnten sie noch 430 t aufnehmen. Diese Versorger wurden für die Kampfboote gebaut, die in weit entfernten Seegebieten operierten.
Durch ihre Breite gegenüber den Kampfbooten wurden sie Seekühe genannt.
Zehn Boote dieses Typs wurden gebaut.
Keines überstand den Krieg. Alle wurden im Atlantik versenkt. Ihr Einsatzgebiet, vom Mittel- bis in den Südatlantik.
U-459 unser Versorger unter dem Kommandanten Kapitänleutnant Milamowitz wurde am 24.07.1943 nordwestlich Kap Ortegal vernichtet. Ein Teil der Besatzung gerettet, der Kommandant gefallen.
U-461 im gleichen Seegebiet, Kommandant Korvettenkapitän Stiebler, am 30.07.1943 durch britische Flieger vernichtet. Totalverlust.
U-462 am 30.07.1943 im gleichen Seegebiet durch britische Flugzeuge vernichtet. Totalverlust.
U-460 im gleichen Seegebiet gebombt. Kommandant Kapitänleutnant Schnorr. Am 04.10.1943 durch 3 amerikanische Trägerflugzeuge vernichtet. Totalverlust.
U-487 im Mittelatlantik am 13.07.1943 vernichtet, 5 amerikanische Trägerflugzeuge waren das Verhängnis. 29 Mann gefangen, Kommandant gefallen.

U-488 Kommandant Oberleutnant z. See B. Studt, am 26.04.1944 im Mittelatlantik durch die Zerstörer: Frost, Huse, Barber und Snowdon versenkt. Totalverlust.
U-463 Am 20.05.1943 im Nordatlantik südwestlich der Scilly-Inseln durch Luftangriff versenkt. Totalverlust.
U-464 Kapitänleutnant Harms am 20.08.1942 südöstlich Island durch amerikanische Flieger vernichtet. Totalverlust.
U-489 Am 04.08.1943, Kommandant Oberleutnant z. See Schmandt, durch kanadische Flieger versenkt. Totalverlust.
U-490 Am 11.06.1944 wurde dieses Boot nordwestlich der Azoren vernichtet. 60 Mann gingen mit dem Kommandanten in Gefangenschaft.
Das war in kurzen Worten der Leidensweg unserer Versorger. Mit derÖlladung konnten diese Boote vier bis fünf IXc-Boote für weitere vier bis fünf Kampfwochen versorgen. Sie konnten durch die Versorgung länger in ihrem Operationsgebiet stehen.
Diese Versorger hatten noch 6 Reservetorpedos in Tuben an Oberdeck, eine angemessene Menge an 2-cm-Munition mit Reserve-Magazinen. Ersatzwaffen und jeder Art von technischen Ersatzteilen. Den größten Raum nahm die Verpflegung für die Kampfboote ein.
Die Feindstreitkräfte setzten große Verbände ihrer Luftstreitkräfte ein, um diese Boote zu stellen und zu versenken. Unsere Versorger, die für und Leben bedeuteten, haben wir, wenn wir knapp mit Brennstoff und Lebensmitteln wurden, herbeigesehnt. Viele kamen nicht zum Treffpunkt, haben, bevor sie mit uns zusammentrafen, das Los vieler U-Bootfahrer geteilt.
Versenkt - Verschollen.
Von diesen Booten wird wenig gesprochen und geschrieben, sie waren keine Kampfboote und der Öffentlichkeit nicht bekannt. Eingereiht in die große Armee der Gefallenen, sprechen diese Verluste ihre eigene Sprache.
Wir U-Bootfahrer werden diese Kameraden und ihre Boote nicht vergessen.

Am 05.08.1943, 18.00 Uhr F.T.-Eingang: Nach Treffen mit Höltering U-604 Verbandszeugabgabe von Emmermann vorgesehen, weiteres folgt. Alles noch verhältnismäßig harmlos, aber was hinter diesem Funkspruch stand, sollte uns in nicht allzu kurzer Zeit belehren, was jetzt vor uns lag.
Am 06.08. um 08.10 Uhr F.T.-Eingang: Höltering U-604, Maus U-185, Emmermann U-172 Treffpunkt ansteuern. Höltering melden, ob Rückmarsch des Bootes für aussichtsreich gehalten wird. Falls Rückmarsch U-604 aussichtslos, versenken. U-604 und U-185 am Treffpunkt aufeinander warten. Nach Treffen gemeinsamer Marsch nach neuem Treffpunkt, dort Höltering an Maus gesamten Brennstoff abgeben, nach Möglichkeit die Hälfte des Proviantes übernehmen, soweit Stauraum vorhanden. Emmermann nach Eintreffen restlichen

Proviant übernehmen und Besatzung gleichmäßig auf beide Boote verteilen. Danach U-604 versenken. Weitere Verteilung der Besatzung von U-604 auf andere Boote vorgesehen. Beide Boote einzeln sofort Rückmarsch antreten. Soweit war es noch nicht, an Bord wurde alles in unserer Enge für die Aufnahme von ca. 25 Kameraden fertig gemacht. Uns standen buchstäblich die Haare zu Berge, als wir hörten, daß noch 25 Mann an Bord kommen. Es ist für uns eine Ehrensache, daß wir die Kameraden aufnehmen, ganz gleich, wie wir leben müssen, auch wenn wir übereinander stehen und die Verpflegung zu Ende geht. Bei den U-Bootfahrern gibt es einen eisernen Zusammenhalt, wenn es sein muß bis zum bitteren Ende.
Der erste Treffpunkt konnte von uns nicht eingehalten werden, Luftangriffe wurde abgewehrt, getaucht und wieder hoch. Ein neuer Treffpunkt von unserem Admiral befohlen, vier- und zweimotorige Bomber machten uns das Leben schwer. Wir kamen in der Überwasserfahrt von den Kanonen nicht mehr weg. Alle Angriffe hatten wir bis jetzt, ohne auch nur einen Verwundeten, abgeschlagen, 2-cm-Munition ging zu Ende. Die Alliierten hatten im brasilianischen Küstenstreifen gegen uns 7 U-Boote eine gewaltige Luftmacht aufgeboten, 74 viermotorige Liberators und 107 zweimotorige Venturas standen uns gegenüber.
Der Kampf wurde erbittert geführt, wir hetzten die gegnerische Schifffahrt und die Flugzeuge uns.
Es fallen auf unserer Seite dieser gewaltigen Übermacht zum Opfer:
Am 19.07.1943 U-513 - Kommandant Kapitänleutnant Guggenberger, Kommandant und 6 Mann gefangen.
Am 22.07.1943 U-598 - Kommandant Kapitänleutnant Holtorf, 1 Mann gefangen.
Am 30.07.1943 U-591 - Kommandant Oberleutnant z. See Ziesner, Kommandant und Teil der Besatzung gefangen.
Am 31.07.1943 U-199 - Kommandant Kapitänleutnant Kraus, Kommandant und Teil der Besatzung gefangen.
U-604 wird am 30.07. durch eine Vetura der VB 129 gebombt, leichte Schäden. Am 03.08 durch eine Liberator schwer beschädigt und tauchunklar geworfen. Zur Hilfeleistung des beschädigten Bootes wurden U-185 und wir, U-172, gerufen.
Wir gingen mit Höchstfahrt auf den Treffpunkt der Boote zu, alle Flakwaffen besetzt, die Besatzung auf Gefechtsstation, zum Ausruhen und Schlafen keine Zeit mehr.
Wir liefen einen Kurs von 290 Grad, um 18.00 Uhr zwei Boote in Sicht, ES-Austausch, U-185 und U-604. Um 18.00 Uhr Leinenverbindung mit U-604 hergestellt, restlichen Treibstoff und im im Schlauchbootverkehr noch vorhandenen Proviant übernommen.
Die Übernahme von Treibstoff an U-185 war vor unserem Eintreffen bereits beendet.
Höltering, U-604, vermutet Suchgruppe in der Nähe, hatte am Vormittag Asdic-Impulse gehört.

Um 20.00 Uhr Flugzeug, stößt aus großer Höhe aus dem Dunst herab und fliegt im Tiefflug, Flughöhe 40-50 m von Backbord querab, auf die beiden verbundenen Boote.
Sechs Fliegerbomben, 4 an Backbord, eine zwischen den verbundenen Booten und eine an Steuerbord von U-604. Bordwaffenbeschuß aus 2 cm und MG's. Sehr starke Erschütterungen, beide Boote verschwinden in den Wasserfontänen. Bomben lagen 15 und 20 m querab vom Boot auf beiden Seiten.
Der Kommandant ging sofort auf hohe Fahrt, Leinen und Schlauchverbindung sofort gekappt.
Masch. Obergefrt. Schiemann auf der Back am 10.5-cm-Geschütz beim Losnehmen des Mündungspfropfens durch Herz- und Lungenschuß gefallen. Bei diesem Angriff Obermaat Schmidt im Schlauchboot bei der Proviantübernahme, Bootsmaat Plottke bei der Proviantverstauung im Boot. Beide Flakschützen nicht an den Waffen.
Beim zweiten Angriff alles auf Gefechtsstation, dieser Angriff zerschlug alle Flakwaffen, die, aus den Halterungen gerissen, auf den Geschützpodesten herumlagen.
Das Boot lief hohe Fahrt, zweiter Anflug spitz von Bb. Vorn, Flugzeug 20 m hoch, 2 Wasserbomben, eine 5 m Bb. neben dem Boot, detoniert auf etwa 20 m Tiefe hinter dem Heck. Bordwaffenbeschuß, Boot macht einen Satz nach vorn.
Matr. Gefrt. Wagner durch Bruststeck- und Armstreifschuß schwer, Matr. Obr. Gefrt. Meißner durch Splitterverwundung am Auge leicht verletzt.
Starke Ausfälle im Boot, Ruder klemmt Bb. 10, alle Boote fahren im Zick-Zack umeinander herum und geben gegenseitig Flakschutz. Dabei dauernde Raumposition mit U-185, der vom Ruderversager von U-172 nichts ahnt. Beide MG's durch Beschuß ausgefallen. Boot wird vom L. I. tauchklar gemeldet.
U-172 konnte keine Hilfe durch die Ausfälle der Flakwaffen geben. Alarmtauchen!
Unter Wasser festgestellte Schäden: Kreiselkompaß ausgefallen, 2 Tauchzellen gerissen, Magnetkompaß zeitweise unklar. Stundenlang wurde gearbeitet, um die Schäden zu reparieren, oben schoß U-185 den angreifenden Bomber ab.

Wir, U-172, konnten nur einen kleinen Teil der Ausrüstung von den Besatzungsangehörigen von U-604 übernehmen. Die Schlauchboote blieben im Wasser liegen und waren verloren. U-185 übernahm die Besatzung von U-604 und versenkte das tauchunklare Boot.
Ein neuer Treffpunkt wurde vereinbart, die Schäden im Boot wurden bis auf den Kreiselkompaß beseitigt. Wir wollten nach Hause, da war der Ansporn. Wir, auf allen Stationen, mußten bis zur Übernahme der halben Höltering-Besatzung das Boot klar haben. Wir hatten noch 4 Torpedos in den Bugrohren, 2 unter den Flurplatten des Bugraumes, 1

Torpedo in einem Heckrohr und ein Torpedo unter den Flurplatten des Hecktorpedoraumes. Das Boot war für einen Torpedoangriff voll gefechtsbereit, das ist immer eine Beruhigung, alle Flakwaffen waren klar und Munition lag bereit. Der zweite Reservetorpedo im Hecktorpedoraum wurde noch in der Nacht nachgeladen.

Am 14.08.1943 um 00.00 Uhr lagen wir im Südatlantik zwischen Rio de Janeiro und Salvador gestoppt. Ein gutes Wetter zur Übernahme der U-604-Männer war unser aller Glück. Der Kommandant befahl volle Flakbesetzung, 2 seem. Maate und 6 Männer auf der Brücke an den Waffen. Die seem. Nr. 1 mit der 10,5-cm-Bedienung stand in der Zentrale bereit, wir wollten uns nicht überraschen lassen. Lehrgeld hatten wir in den letzten Tagen mal wieder bezahlt. Unser Kommandant ging kein Risiko ein. Um 11.00 Uhr kam U-185 in Sicht. ES-Austausch. Die beiden Boote näherten sich bis auf Rufweite, das Wie der Übernahme wurde vereinbart. Da keine Schlauchboote mehr vorhanden waren, mußten die Männer von U-604 ins Wasser.
U-185 fuhr voraus und setzte die Männer ab, U-172 im Kielwasser sammelte die Männer ein. Es ging alles glatt, kein Angriff. Wir übernahmen von U-604 2 Offiziere, 2 Oberfeldwebel, 5 Unteroffiziere und 13 Mann.
Jetzt waren wir 80 Besatzungsangehörige, um 22.00 Uhr gingen wir erstmals unter Wasser, um das Boot einzutrimmen, es klappte sofort. Die U-604er wurden in unser Wachsystem eingefügt und gingen unsere Wache voll mit.
Jetzt hatte ich auf meiner Seewache noch einen Maat, einen flakeingeschossenen Mann. Alle Stationen gut besetzt und unser Smutje hatte eine ständige Hilfe zur Verfügung. Es lief wider Erwarten gut.

Am 15.08. um 12.00 Uhr war U-185 außer Sicht.
In unserem Boot hatte sich alles zurechtgerüttelt, jeder hatte seinen Platz, jeder seine Aufgabe. Bei der Unterwasserfahrt lagen die nicht auf Station stehenden Männer in den Kojen, Hängematten oder auf den Flurplatten, um Sauerstoff zu sparen. Der Sauerstoff, den wir zum Atmen brauchten, war für uns ein großes Problem, nur Ruhe, Bewegung so wenig wie möglich. Eine und eine halbe Besatzung brauchte eine Menge von diesem Stoff, unser Zentralmaat Schuy lief ununterbrochen mit seinem Prüfgerät durch das Boot und nahm Messungen vor. Die Sauerstofflaschen, die wir mitführten, wurden vom Kommandanten nicht freigegeben. Ein kostbares Gut für ein U-Boot - keiner wußte, was noch auf uns zukam.
Bei der Überwasserfahrt liefen die Lenzpumpen, brausten die Lüfter und das Hämmern der Diesel wurde für die Ohren zur Qual. Jetzt ging die Arbeit im Boot los, alles mußte sauber gemacht werden, bei 80 Besatzungsmitgliedern keine leichte Sache. Wir schafften es. Vor Überraschungsangriffen ist kein Boot sicher, nicht nur die dauernden Kämpfe

haben uns schwer zugesetzt, auch die See. Ein U-Boot, das nur wenig über dem Wasser liegt, wird mit jeder Welle, schon bei Seegang 3, überwaschen, Spritzer fegen über die Brücke und durchnässen die Brückenwache. Jeder Mann auf der Brücke ist angegurtet, um ein Wegspülen von der Station zu verhindern, so auch die gesamte Brückenwache von U-106 in der Biskaya. Als die ablösende Wache auf die Brücke kam, war niemand mehr da, alle von einer Hecksee bei verhältnismäßig gutem Wetter über Bord gespült.
Panik und Ängste müssen sofort egalisiert werden, unser Kommandant hat dies durch seinen Führungsstil sofort im Keim erstickt. Das beste Mittel ist in so einem Fall ein Erfolg, wird ein Dampfer versenkt oder Flugzeug abgewehrt, ist alles wieder in Ordnung. Angst, eine gefährliche Sache, jeder hat Angst, der eine vor dem Kampf, der andere hinterher. Die Seeleute auf der Brücke, die plötzlich von einem Flugzeug angegriffen werden, kommen durch die Sekundenschnelle nicht dazu, Angst zu haben. Die Angst oder wie wir Seeleute sagten, das große Zittern, kam immer erst nach dem Kampf. Die Männer in der Zentrale hörten das Hämmern der Kanonen und das Rattern der MG's, sahen aber nichts. Wehren konnten sie sich nicht, nur Stillhalten und Abwarten. Die Männer im Boot mußten sich auf die Flakbesatzungen verlassen, werden wir getroffen oder nicht, das war immer die große Frage. Werden die Bomber oder Trägerflugzeuge in einem Abstand von 2000 bis 1000 m gehalten und können wir in einem günstigen Augenblick tauchen, waren wir so gut wie in Sicherheit. Daß die Gegner dort oben in der Luft auch Angst hatten, konnten wir an ihren Flugbewegungen ablesen. Ein Gegner, der von 6 bis 8 2-cm-Läufen und 4 MG's behämmert wird, kommt genau wie wir ins Schwitzen. Unser Treibstoff reichte nicht für die große Strecke in den Heimathafen, also nochmals versorgen. U-185 lief parallel zu uns, Heimatkurs.

Am 19.08.1943 um 06.00 Uhr Funkeingang: Versorgungstreffpunkt U-847, Kuppisch im angegebenen Marinequadrat ansteuern. Matrosenobergefreiter Christiani wurde schwer krank, er hatte bis 41 Grad Fieber. Kein Mann der Besatzung nahm das ernst, Fieber hatte schon manchen von uns erwischt, ohne Folgen. Das Befinden unserer Verletzten hatte sich gebessert, kein Grund zur Klage, der normale Dienstbetrieb lief. Am 23.08.1943 um 05.00 Schatten rechtweisend 90 Grad, zugedreht und als U-Boot ausgemacht.
Typ IX c, ES-Anruf, erst beim zweiten Mal durch Abdrehen quittiert, anschließend ES-Austausch.
Das Boot schert uns vor den Bug, wir müssen ausweichen, nach Morsenamen, Maus möglich. Um 06.00 Uhr außer Sicht. Um 21.30 Uhr Flugzeug Ostkurs, sehr weit weg und hochfliegend, vermutlich schwere Landmaschine, sofort getaucht. Um 23.30 Uhr sind wir aufgetaucht und haben unseren Marsch fortgesetzt. Wir liefen Marschfahrt. Ein Diesel und eine E.-Maschine. Um 16.30 Uhr hatte die I. Seewache ein

Flugzeug gesehen und sofort Alarmtauchen gegeben. Unser Kommandant fuhr unter Wasser weiter, ein Glück für uns.
Um 17.00 Uhr eine Detonation weit weg, vermutlich Torpedo oder auch Fliebo. Wurde „U-Maus" gebombt?
Am 24.08.1943 00.23 Uhr F.T.-Eingang an „Kuppisch". Des weiteren etwa 26. August eintreffenden „Emmermann" und „Maus" für sparsamen Rückmarsch ergänzen. Dazu die beiden letzten aller bisher zu versorgenden Boote festhalten und auf diese Teile der „Höltering-Besatzung" von „Emmermann" und „Maus" verteilen. Nach Gesamtdurchführung melden. Danach folgt weiterer Befehl. - Hier im Mittelatlantik ist der Teufel los, das wissen wir alle. Ein- und Ausmarschierer werden von den Feindstreitkräften bekämpft und abzufangen versucht.
Viele Boote wurden hier in diesem Gebiet gestellt und nach hartem Kampf versenkt. Tausende „U-Bootfahrer" ließen hier ihr junges Leben. Um nach Hause zu kommen, müssen wir hier durch. Auf U-172 begann ein Drama von nicht vorstellbarem Ausmaß. Krankheiten schlichen sich bei diesen harten Männern ein, der Mann, der mit Fieber in der Koje lag, drehte plötzlich durch. Er rannte, von seiner Koje aufgesprungen, durch den Unteroffiziers- und Oberfeldwebelraum, griff sich in der Kombüse ein Messer und lief durch zur Zentrale.
Die Kameraden, die in der Zentrale auf Wache standen, wurden völlig überrascht, konnten aber im letzten Moment reagieren. Ehe der Mann überwältigt werden konnte, stach er den Leitenden Ingenieur Leutnant Ing. Frohwein durch den Unterarm. Er wurde sofort an seiner Koje festgebunden, um weiteres Unheil zu verhüten. Unser Kommandant sprach beruhigend auf ihn ein und brachte es fertig, daß er ruhiger wurde und einschlief. Wir „U-Bootfahrer" sind ein hartes Leben gewöhnt, aber wenn ein Kamerad durchdreht, geht das an die Nerven.
Alle Kameraden im Boot waren sehr bedrückt, was kommt noch auf uns zu? Der Kommandant machte vor allem uns Unteroffizieren zur Pflicht, besonders sorgfältig die Besatzung zu beobachten, damit ähnliche Fälle nicht mehr passieren. Leicht gesagt, aber das Drama fing erst an. Plötzlich, wie ein Schlag aus heiterem Himmel: Ruhr an Bord. Was wir jetzt mitgemacht haben, Kranke wie Gesunde, läßt sich in Worten überhaupt nicht beschreiben.
Bei ungefähr 20 Männern fing es an, Durchfall bis zum geht nicht mehr. Eine und eine halbe Besatzung an Bord, eng wie Ölsardinen in der Dose lagen die Männer im Boot. Keine Bewegungsmöglichkeit, gewaschen haben wir uns seit Wochen nicht mehr, Hygiene ein Fremdwort.
Süßwasser wurde für die Batterien gebraucht, Seife nicht mehr vorhanden, Unterwäsche und Bordpäckchen verdreckt.
Die Frischwassererzeugungsanlage fiel durch den wochenlangen Dauerbetrieb laufend aus, Kapazität dieser Anlage brachte 8 Liter in der Stunde.

Von diesen 8 Litern wurden 61/2 Liter stündlich für die Batterien gebraucht. Die restlichen 11/2 Liter wurden für den Smut zum Kochen bereitgestellt und für die Besatzung blieben pro Tag 3 Tassen von diesem köstlichen Naß für die Hygiene, zum Durst Stillen oder für anderweitigen Gebrauch übrig. Hygiene und anderweitiger Gebrauch fielen weg, nur der Durst wurde mit 3 Tassen Wasser in etwa gestillt.
Am schlimmsten dran war unser Smutje, der wußte nicht mehr ein und aus, wie sollte er die Mahlzeiten mit dem rationierten Wasser für die Besatzung kochen. Kartoffeln und Gemüse (getrocknet) wurde in Seewasser gekocht, aber der Wasserverbrauch in einer Kombüse ist enorm hoch. Er schaffte es. Der Kommandant war nicht zu bewegen, mehr Wasser für die Besatzung bereitzustellen, er konnte es nicht. Für den Kommandanten gab es nur eins: Nach Hause. Am 25.08.1943 lagen alle Freiwächter in den Kojen, als ein riesiger Krach im Bugtorpedoraum begann.
Wir Unteroffiziere waren sofort aus den Kojen, hechteten durch das Kugelschott und rissen den wild auf einen Besatzungsangehörigen einschlagenden Kameraden zurück. Was war passiert?
Wir hatten, als wir ausliefen, einen Mann mitzunehmen, der eine sehr schlechte Beurteilung seiner Vorgesetzten mitbrachte. Der beging einen Trinkwasserdiebstahl und wurde von alten Besatzungsangehörigen dabei erwischt und zusammengeschlagen. Auch sowas gibt es, wir mußten damit leben. Dieser Mann durfte nicht mit einlaufen und wurde von unserem Kommandanten kurz vor Lorient auf ein Hafenboot übergesetzt.

Weiter im Boot

Die leichter erkrankten Männer mußten ihre Wache gehen, immer mehr Männer wurden von dieser Krankheit befallen. Oben auf der Brücke hatten einzelne die Hose mehr unten als oben - nur ein Angriff, dann gute Nacht.
Wir hatten - wie immer - ein großes Glück. Unten im Boot standen kleine Fässer in den einzelnen Räumen, Männer liefen mit Konservendosen in der Hand herum, um sich nicht restlos zu verschmutzen.
Der Dienst mußte gemacht werden, knallhart wurde das, um überleben zu können, von uns gefordert.
Der Krankheitsherd konnte nicht festgestellt werden, nur noch gut abgekochte Verpflegung wurde ausgegeben.
Der Kommandant setzte sich mit unserem ersten Funkmaat, der auch unser „Sanitäter" war, zusammen und holte den ärztlichen Ratgeber heraus. Ein Buch, das für jedes U-Boot, das ohne Arzt in See ging, immer bei Verletzungen oder Krankheiten die letzte Rettung war. Dort stand zu lesen: Blutiger Auswurf, blutiger Durchfall, Erbrechen -Ruhr. Auf Seite 64 stand dann: „Behandlung: Patienten in kühle, gut durchlüftete Räume legen, Ganzkörper-Umschläge mit kaltem Wasser, abso-

lute Isolation". Das war auf einem Boot, das 14 Wochen auf See war, das immer noch die gleiche blaukarierte Bettwäsche in den Hängematten und Kojen hatte wie seit dem Auslaufen, nicht möglich.
Wir hatten im Bugraum und in der E.-Maschine ein Klo, obwohl die gesamte Besatzung im Bugtorpedoraum und ein kleiner Teil im Hecktorpedoraum schlief, nicht die Möglichkeit, uns von der ansteckenden Krankheit abzusichern.
Die vordere Toilette wurde unter LYSOL gesetzt, die Patienten erholten sich nach 2 Tagen, die Fieberanfälle waren vorbei, aber dann fielen andere um, sodaß der Kommandant immer gerade soviel Personal hatte, um die Maschinen und Ruderanlagen zu bedienen. Wir fuhren mit Magnetkompaß, der Kreiselkompaß war ausgefallen. Nach etwa einer Woche waren die Fieberanfälle vorbei und die Besatzung zum Teil wieder gesund.
Unser Verwundeter stand nach 5 Wochen wieder, wie es schien, gesund an Oberdeck, wurde sofort nach dem Einlaufen ins Marinelazarett eingewiesen und behandelt, das Projektil wurde herausoperiert. Das einzige Positive an der Krankheit, die auf unserem Boot ausgebrochen war: es wurde Verpflegung gespart.
Die Kameraden von U-604 hatten nicht alle Ausrüstungsstücke von U-185 mitbringen können, jetzt wurde alles, was wir hatten, verteilt. So verdreckt, wie wir waren, taten wir unseren harten Dienst, die Gespräche im Unteroffiziersraum drehten sich nur ums Überleben. Wie kommen wir hier raus? Der Stützpunkt war noch weit, drei Wochen hatten wir uns noch mit unserem Boot durchzukämpfen. Werden wir das schaffen? Was die, die in den Kojen lagen, dachten, wußte niemand, wir wollten nur eins: nach Hause und dafür kämpften wir. Was ein Mensch aushalten kann, haben wir in dieser Zeit erlebt, anderen Kameraden ging es schlechter, sie kamen nicht mehr in den Stützpunkt. Sie blieben draußen!
Von den 80 Mann, die wir an Bord hatten, fielen 50 durch diese Krankheit aus, wenn nur unsere Besatzung von U-172 dieser Schlag getroffen hätte und wir Angriffe bekommen hätten, wäre das ein Kampf bis zum Zerreißen geworden.
In diesem Moment hatten wir wie immer Glück, daß die Kameraden von U-604 an Bord waren.
Wir, U-172, wären mit 10 bis 15 einsatzfähigen Männern auf der See herumgedümpelt und eine leichte Beute für Feindflugzeuge geworden.

Am 24.08.1943 09.32 Uhr dieses Tages zwei Schatten rechtweisend 320 Grad U-508 (Staats) und U-847 (Kuppisch). Schlauchverbindung mit Kuppisch hergestellt, Beginn der Brennstoffübernahme.
F.T. an den Befehlshaber: Gebe keine Soldaten an Staats ab, da durch starke Krankheitsausfälle (Ruhr) und Steuerung nach Magnetkompaß sowie verstärkte Brückenwache die Verstärkung sehr willkommen ist. Proviant reicht für Gesamtzahl.

Um 15.25 Uhr hatten wir die Brennstoffübernahme beendet, Schlauchverbindung gelöst, 35 qm Treiböl übernommen.
Weitermarsch, die beiden Boote „U-508" und „U-847" bald außer Sicht. Alle Besatzungsangehörigen von unserem „U-172" waren entsetzt, als sie Kuppisch sahen. Wir standen voll gefechtsbereit an den Flakkanonen und MG's, suchten mit unseren Gläsern Himmel und Wasser ab, um vor Überraschungen von Feindflugzeugen sicher zu sein. „U-847" hatte wohl noch keine Feindberührung gehabt, sie lagen an Oberdeck und ließen sich von der Sonne bescheinen. So etwas Leichtsinniges ist uns im ganzen Krieg noch nicht begegnet. Am 30.08.1943 wurden sie gebombt, Totalverlust! Wir liefen noch Nordkurs Richtung Heimat. Im Boot immer ein unheimlicher Gestank, der den Männern den Atem nahm, wenn geht das zu Ende, was haben wir noch vor uns. Alle Männer erschöpft, kaum einsatzfähig. Bei der Überwasserfahrt war es erträglich, die Lüfter sorgten für frische Luft. Unter Wasser: eine Qual zu atmen. Eigentlich kann die Qual nur nachempfinden, wer ähnliches auf einem U-Boot erlebt hat. Ölkrätze und Ausschläge auf der Haut wurden ebenso weggesteckt wie der harte Borddienst.
Was man von den Männern verlangt hat, ist unmenschlich.
Wenn so ein Boot nach wochenlangen Kämpfen und Strapazen mit seiner beklagten Besatzung im Stützpunkt anlegt, ist alles vergessen. Doch nach Hause ist noch ein langer Weg, noch knapp 3 Wochen müssen wir das alles aushalten.
In vielen harten Unternehmungen habe ich nicht einmal erlebt, daß es im Boot zu Unstimmigkeiten unter den Männern kam, jeder wußte, daß wir nur überleben können, wenn wir zusammenstehen. Die Obergefreiten im Bug oder Hecktorpedoraum waren die ordnende Hand, wir Unteroffiziere hatten da keine Arbeit.
Die seemännischen Unteroffiziere mit ihren Brückenwachen hatten die meiste Last zu tragen.
Die Waffen, Munition und alles, was zur Verteidigung des Bootes Vorrang hatte, mußten von ihnen einsatzbereit gehalten werden. Der Obersteuermann und ich hatten noch die Verpflegung am Hals, keine leichte Aufgabe, aber unser Smut Mißfeld war ein As, mit ihm lief alles bestens.
Aber nun zu „U-604" und „U-185" von des Gegners Seite aus gesehen:

Marine-Abteilung

Büro des Chefs der Operationsabteilung Marine, Whashington (04. Nov. 1943)
Bericht über die Befragung von Überlebenden des U-Bootes „604" und „U-185"
Kapitel I - Einleitende Bemerkungen:
Man hat sich entschlossen, die Berichte und Befragungen der Überlebenden in einem zusammenzufassen, da die Ursachen zusammenhängend waren.
„U-604", schwer beschädigt durch Luftangriffe, wurde durch ihre Besatzung selbst versenkt am 11. Aug. 1943, 900 Meilen entfernt von NATAL. Ungefähre Position 05° Süd, 20° West.
Die Besatzung ging an Bord von U-185, das in der Nähe stand. Zwei Tage später wurde die Hälfte der Besatzung an „U-Emmermann" übergeben.
11 Tage später, am 24. August, „U-185" sank selbst durch Luftangriffe von U.S.S. CORE, südwestlich der Azoren. Position 27° Nord, 37,06° West. Das Boot war zu dieser Zeit auf der Heimfahrt mit der Hälfte der Besatzung von „U-604" noch an Bord. 36 Männer wurden U.S.S. BARKER gerettet und zu U.S.S. CORE gebracht. 9 davon waren „U-604"-Männer. Von den 27 anderen Besatzungsmitgliedern „U-185" starben 4 auf See nach der Rettung an Chlorgas-Vergiftung. Auf Grund der Befragung handelten alle 9 Männer von „U-604" nach den Anordnungen des Kommandanten „U-185" und behaupteten, sie seien Mitglieder der Besatzung.
Diese Unwahrheit wurde aber entdeckt, als sie an Land kamen und zum Verhör gebracht wurden.
„U-604", ein 500-Tonner, war auf seiner sechsten Feindfahrt als es sank. Der Kommandant war Kptlt. Horst Höltring. 1933er Crew. Höltring ging an Bord von „U-185", nachdem sein eigenes Boot versenkt war, aber er hat die Versenkung von „U-185" nicht überlebt.
U-185 war ein 750-Tonner. Es war auf seiner dritten Feindfahrt als es sank. Es wurde befehligt von Kptlt. August Maus, Crew 1934. Maus überlebte.

Selbstversenkung und Verlassen U-604 und Versenkung U-185

U-604 traf am Morgen des 11. August 1943 mit U-185 an der Position 05° Süd, 20° West zusammen. U-604 war in einem schlechten Zustand. Ein Luftangriff auf das Boot am 30. Juli hatte an Steuerbordseite getroffen, schaltete eine Maschine aus und beschädigte verschiedene Tanks. Kptlt. Höltring berichtete seinem Admiral, daß er seinen Heimathafen nicht mehr erreichen könne. Er bekam den Befehl, sich mit U-185 zu treffen. Die Besatzung von U-604 begann beim Treffen, Lebensmittel und Treibstoff an U-185 zu übergeben.

U-Emmermanns Ankunft

Das Übernehmen dauerte mehrere Stunden. Als es fast beendet war, kam ein anderes U-Boot. Kptlt. Carl Emmermann 1934er Crew. Man glaubte, daß Emmermann das U-Boot 172 kommandierte. Emmermann kam zu spät, um Treibstoff zu erhalten. Übernahm aber die Hälfte der U-604-Besatzung.

„Liberator-Angriffe"

Kurz nach der Ankunft von U-Emmermann stieß eine „Liberator" aus den Wolken zu einem Überraschungsangriff. U-Emmermann tauchte sofort, aber U-185 und U-604 eröffneten das Feuer. U-604 war in einem hoffnungslosen Zustand, beschädigt und ohne Treibstoff. Die meisten der Besatzung waren auf dem Oberdeck, als das Flugzeug angriff.

Die Überlebenden sagten, daß die „Liberator" zwei Angriffe mit Bordwaffen flog und vier Bomben abwarf, die aber keine Schäden verursachten. Währenddessen fing U-185 an, zum Schutz um U-604 herumzufahren. Es fuhr über die Stelle hinweg, wo U-Emmermann getaucht war. Als die „Liberator" bei 1200 feet zu einem anderen Angriff drehte, sahen die U-Boot-Besatzungen, wie sie schwankte und in die See stürzte.

Die Vorbereitungen zum Verlassen von U-604 gingen weiter. U-Emmermann kam nicht sofort zurück, deshalb übernahm U-185 alle Besatzungsmitglieder von U-604. Die Männer wurden außenbords beordert, um 100 yards zu U-185 zu schwimmen. Höltring wurde in einem Schlauchboot hinübergerudert. Der L. I. kam zuletzt. Überlebende sagten, daß er mit einer 8-Minuten-Zündung das Boot versenkte. Er kletterte schnell über den Turm, sprang über Bord und schwamm zu U-185. Bevor er es noch erreichen konnte, explodierten die Zündungen, und U-604 versank über das Heck. Die Überlebenden von U-604 hatten das Gefühl, daß Emmermann sie verlassen hatte, als er untertauchte. Sie lobten die Manier, wie U-Maus ihnen beistand und die „Liberator" abschoß. Höltring befahl seinen Männern, an Bord von U-185 die gleichen Stationen einzunehmen wie auf U-604. Er sagte ihnen, sie müßten ihre Passage abverdienen.

Treffen mit Emmermann

Maus machte sich daran, Emmermann zu treffen, um die Hälfte der U-604-Besatzung zu übergeben. Gemäß den Aussagen der Überlebenden wurde der Kontakt durch U.T. hergestellt und das Treffen festgelegt.

Drei oder vier Tage später, 14. oder 15. August, trafen sich beide Boote um die Mittagszeit. Emmermann erklärte, daß er Schwierigkeiten mit seinem Kompaß habe. 23 Mitglieder der U-604-Besatzung gingen zu

Emmermann. Unter diesen war der Ing.-Offizier und ein P.K.-Offizier.
Ein Gefangener sagte aus, daß Maus Emmermann in scharfer Rede beschuldigt habe, U-185 und U-604 in einer sehr ernsten Lage am 11. August durch Untertauchen verlassen zu haben. Dies konnte aber nicht bestätigt werden.
Emmermann machte in 3 Meilen Entfernung von U-185 einige Kompaßversuche, dann trennten sie sich, und U-185 nahm Kurs auf seinen Heimathafen.

Versenkung von U-185

Kurz nach Tagesanbruch am 24. August fuhr U-185 auf der Meeresoberfläche in Position 27° Nord, 37,06° West. Plötzlich erblickt die Brückenwache zwei sich nähernde Flugzeuge. Ein Jäger, gefolgt von einem Bomber. Sie gaben Alarm. Der Jäger flog von achteraus an und verwundete die ganze Brückenwache. Als Maus auf den Turm kam, wollte sein Wachoffizier etwas sagen, aber er war zu schwer verwundet, um zu sprechen. Der Bomber entlud seine Wasserbomben. Nach Aussagen Überlebender explodierte eine unter dem Boot achtern, eine andere Bombe beschädigte die 10,5 vorne. Diese zwei Bomben brachten U-185 die Vernichtung.
Die Tanks an BB-Seite wurden eingedrückt, und der Druckkörper zersprang. Die Batterien wurden zerstört. Als Maus herunterrief, um zu fragen, ob das Boot noch im Tauchzustand sei, rief der Ingenieur zurück: „Alles kaputt, Batterie Chlor!". Maus befahl sofort der Besatzung, Schwimmwesten anzulegen und an Oberdeck zu kommen. Das Chlorgas bildete sich schnell, da das Seewasser in die Batterie unter dem Offiziersraum eindrang, vor der Zentrale. Als die Diesel immer noch liefen, sickerte das Gas in den Maschinenraum. Mehrere Männer starben auf ihrer Station. Was noch klettern konnte, ging auf die Brücke. Währenddessen vollzog sich im Bugraum ein merkwürdiges Drama. Gemäß den Aussagen Überlebender war Höltring im Offiziersraum wie immer mit seiner Pistole in der Hand, als der Angriff begann. Im Bugraum lag ein Mitglied der U-185er-Besatzung mit einer Kugel im Bein, die er sich bei einer vorangegangenen Aktion zugezogen hatte. Da er nicht laufen konnte, war er gefangen, als das Chlorgas sich ausbreitete. Als er Höltring sah, der mit der Pistole in der Hand in den Bugraum lief, schrie der junge Mann Höltring zu, ihn zu erschießen. Gemäß Aussagen von Überlebenden erschoß Höltring den Jungen und schoß sich selbst eine Kugel in den Kopf.

Auf der Brücke sah Maus, wie sein Boot langsam über das Heck sank. Der Luftvorrat zum Anblasen nahm ab und die Schlagseite zu. Die Luftangriffe begannen wieder, als die Männer um Brücke und Turm standen. U-185 machte immer noch Fahrt, als seine Überlebenden in der See zurückblieben.

Maus tat sein Bestes, um die Männer zusammenzuhalten. Zur gleichen Zeit schrie er ihnen Warnungen zu, besonders denen von U-604. „Wir sind alle von dem gleichen Boot!"
„Unter keinen Umständen sagt etwas". Einige Männer starben an Chlorgas-Vergiftung, als sie in ihren Schwimmwesten trieben. Der L.-I., welcher nur wenige Minuten dem Gas im Boot ausgesetzt war, stammelte zu Maus, daß er kaum atmen könne. Der L.I. und drei andere starben an Gasvergiftung, nachdem sie gerettet waren.
Die Flugzeuge kreisten weiter über ihren Köpfen. Eines von diesen signalisierte, daß Hilfe käme. Wenige Stunden später kam U.S.S. BARKER und zog 36 Mann aus dem Wasser. Später wurden sie dem U.S.-Flugzeugträger CORE übergeben.
Die Flugzeuge zogen sich in die Wolkendecke zurück und flogen einen erneuten Angriff. Sie näherten sich von 35° achtern Steuerbord und warfen zwei Bomben ab. Die erste explodierte unterhalb des Turmes, die zweite auf dem Vorschiff. Das U-Boot drehte sich um 90° und begann auf dem Heck zu schwimmen. Das Flugzeug machte einen neuen Angriff auf Stb.-Seite.
U-185 machte keine ausweichenden Bewegungen und keine Abwehr mehr. Drei bis vier Minuten später kamen neue Flugzeuge von U.S.S. CORE und flogen neue Angriffe. Als bemerkt wurde, daß das U-Boot sank, wurden die Angriffe eingestellt.
Beordert von U.S.S. CORE begab sich U.S.S. BARKER zum Schauplatz und übernahm die Überlebenden.

Die Besatzung von U-604

Ein Offizier und acht Männer der U-604-Besatzung wurden zusammen mit den Überlebenden von U-185 gerettet. Einer von diesen war so schwer verwundet, daß er nicht verhört werden konnte. Die restlichen waren sehr vorsichtig bei ihren Aussagen. Nicht nur, daß sie gut belehrt waren, auch die ungewöhnlichen Umstände, die das Sinken und den Selbstmord ihres Kommandanten begleiteten, verstärkten ihren Entschluß, nichts zu sagen. Der einzige Bruch in dieser starken Front war ein Tagebuch, das von einem Überlebenden geführt wurde. Dieser Gefangene trug aber wenig dazu bei, die Vorfälle, die in dem Tagebuch aufgezeichnet waren, zu bestätigen.
Kptlt. Höltring, der Kommandant, war eine Art Madcap (leichtsinnige Person). Er war ehrgeizig und verwegen. Trinken und Feuerwaffen schienen seine einzigen Schwächen zu sein. Überlebende sagten, daß er zu jeder Zeit einen Revolver getragen habe.
Gemäß einer Geschichte von Höltrings Vergangenheit lag er einmal betrunken in seiner Koje in Gotenhafen, als er seinen Fuß aus der Decke herausschauen sah, schoß er seinen großen Zeh ab. Man sagte, daß dies Dönitz veranlaßt hätte, seine Beförderung vom Obltn. zum Kptln. zu verzögern. Sein Kosename bei der Besatzung war: „Pistolenmann".

Überlebende von U-604 bemerkten, daß sie sich ständig unbehaglich unter Höltrings Kommando fühlten. Besonders auf der lezten Fahrt, als das Boot schwer beschädigt wurde, sei er zunehmend nervös geworden. Höltring soll Kommandant eines 250-ton.-U-Bootes gewesen sein, bevor er U-604 übernahm. Er soll ein russisches U-Boot in der Ostsee versenkt haben. Höltrings Selbstmord, nachdem er ein Besatzungsmitglied von U-185 erschossen hatte, wurde im vorhergehenden Kapitel berichtet.

Ltn. z. See von Bothmer, der II. W.-O., ist eine Art Pedant. Bei der Besatzung nicht beliebt. Er war ein Amateur-Flötist. Es ist ungewöhnlich für deutsche U-Boot-Männer, ihre Offiziere zu kritisieren, aber mehrere Überlebende von U-604 waren freiwillig bereit, ihr Mißfallen gegenüber von Bothmer auszudrücken. Obwohl der unfreundlich zu seiner Besatzung war, war er ziemlich freundlich gegenüber seinen Vernehmern. Er war von der Crew 1932.

Er verließ die Marine als Oberfähnrich z. S., um, wie er sagte, seine Geschichtsstudien fortzusetzen. Später erhielt er den Doktor h.c. von der Universität Berlin. Es ist bestätigt, daß von Bothmer darauf ein Offizier in der SS wurde. Nachdem der Krieg begann, ging er zur Marine zurück. Er sagt, daß er zur U-Boot-Waffe ging, nicht aus persönlichen Gründen, sondern weil sein Vater U-Boot-Kommandant im letzten Krieg war. Von den anderen Offizieren ist nichts bekannt. Der I. Offizier wurde auf See getötet, der L.-I. und der P.K.-Offizier wurden auf U-Emmermann gebracht, nachdem U-604 versank.

Frühgeschichte U-604

U-604 wurde am 14. Oktober 1941 bei Blohm&Voß in Hamburg vom Stapel gelassen, wo es auch gebaut wurde. Indienststellung am 8. Januar 1942 mit einer kleinen Feier an Bord. Erprobung von Janauar bis Juni 1942 in der Ostsee. U-604 kam im Juli 1942 zurück zur Bauwerft. Ein Gefangener sagte, daß in Hamburg die Torpedos an Bord genommen wurden. Am 30. Juli 1942 fuhr U-604 von Hamburg nach Kiel, wo es Proviant, Treibstoff und Munition übernahm.

Erste Fahrt U-604

U-604 verließ Kiel am 3. Aug. 1942. In Christiansand/Norw. war es eine Nacht. Am folgenden Tag fuhr es an der norwegischen Küste hoch und dann hinaus in den Nordatlantik. Man vermutet, daß es durch den „Rosengarten" gefahren ist. Ein Gefangener bestätigt, daß er weiß, daß U-604 kein besonderes Operationsgebiet hatte und die meiste Zeit Annäherung an die britische Küste hatte. In einem Angriff auf einen Konvoi versenkte U-604 zwei Schiffe von 12000 und 5000 BRT. am gleichen Tag. Keine Gegenangriffe traten ein. Zwischen dem 15. und 20. September ging U-604 in den Hafen von Brest, wo es der 9.

U-Flottille unterstellt wurde. Die Hälfte der Besatzung hatte einen kurzen Urlaub.

Zweite Fahrt U-604

U-604 verließ Brest am 14. Oktober 1942. Es war 11 Tage draußen, drei Tage im Op.-Gebiet in der Gegend von Nordafrika und sechs Tage auf der Rückfahrt nach Brest. Auf dieser Fahrt versenkte U-604 drei Schiffe aus einem Konvoi, der von USA nach Afrika unterwegs war. Ein 11000-BRT.-Frachter wurde versenkt mit einem Fächer von vier Torpedos. Ein 9000-BRT.-Tanker wurde versenkt aus einem Fächer von zwei Torpedos und zwei einzelnen. Das dritte Schiff, das versenkt wurde, war ein 5000-BRT.-Frachter. Ein Gefangener sagte, daß man ihnen erzählte, von diesem Konvoi von 45 Schiffen haben nur drei Afrika erreicht. Auf der Fahrt zurück nach Brest wurde U-604 von zwei anderen U-Booten begleitet, die von Kptlt. Stock und Kptlt. Maßmann befehligt wurden. Diese waren am gleichen Konvoi. U-604 kam am 3. Nov. 1942 nach Brest zurück. Der I. Offizier auf dieser Fahrt hieß von Rothkirch. Er besuchte anschließend eine U-Boot-Kommandanten-Schule und erhielt ein eigenes U-Boot.

Dritte Fahrt U-604

U-604 verließ Brest zu seiner dritten Fahrt am 25. November 1942. Sein einziger Erfolg auf dieser Fahrt war die Versenkung eines großen Schiffes, von dem man annahm, daß es ein 16000-BRT.-Truppentransporter war, der allein im Nordatlantik fuhr. Man nahm an, daß der Transporter 18 Kn. fuhr. Als das U-Boot wartend dalag, machte der Transporter eine Wendung um 45° und kreuzte den Bug von U-604. Nachdem ein Torpedo abgefeuert war, drehte Höltring nach Steuerbord ab. Dieses Schiff war CERAMIC, 18713 Tonnen, gesunken am 6. Dezember, 40° N., 40° 20° West. Ein Gefangener bestätigt, daß Überlebende des Transporter versuchten, an Bord des U-Bootes zu klettern, als dieses an die Oberfläche kam. Aber sie wurden mit Masch.-Gewehr-Feuern getötet, von einem Offizier auf Befehl von Höltring, um ein Anbordgehen zu verhindern. Andere Gefangene von U-604 leugneten diese Aussage. Höltring fragte Männer im Wasser nach dem Namen des Transporters, aber er erhielt keine verständliche Antwort. Die Überlebenden gaben das Op.-Gebiet auf dieser Fahrt nicht bekannt, aber einer der Männer sprach von Neufundland um die Weihnachtszeit. U-604 kam am 5. Januar 1943 nach Brest zurück.

Vierte Fahrt U-604

U-604 verließ am 8. Februar 1943, 16.00 Uhr, Brest zu seiner vierten Fahrt. Man sagt, daß das Op.-Gebiet ungefähr 50° Nord, 20° West war. Um den 19. Februar sichtete Höltring einen Konvoi von ungefähr

40 Schiffen, offensichtlich bestimmt für Gibraltar. Ein „Wolfsrudel" von acht U-Booten, das, wie ein Überlebender sagte, Gruppe „Streitaxt" genannt wurde, war gebildet. U-604 diente als Fühlungshalter und erhielt den Befehl, nicht zu feuern und nicht anzugreifen. Am 21. Februar entwickelte sich um Mitternacht ein schwerer Zerstörerangriff, während U-604 backbords zu dem Konvoi stand. U-604 war die Zielscheibe von ungefähr 25 Wasserbomben, welche einen Schaden an der Packung der Schiffsschraube verursachten. Ein Gefangener erklärte, daß auch die Diesel beschädigt waren. Am 23. Februar sichtete Höltring ein Schiff von 7000 BRT., das allein fuhr. Er versenkte es an der Oberfläche mit einem Torpedo 00.15 Uhr. Dieses Schiff war wahrscheinlich eines der folgenden drei: WINKLER, pan.-am.-Tanker, 6907 Tonnen, EULINA, brit. Tanker, 6207 Tonnen, GLITTRE, Norwegen. Am folgenden Tag, 24. Februar, griffen Flugzeuge U-604 an. Sie beschädigten das Ruder mit fünf Bomben. Dieses wurde an B.D.U. berichtet, und dieser befahl das Boot in den Hafen. Es drehte am 26. Februar Richtung Brest und kam dort am 9. März 1943 an.

Fünfte Fahrt U-604

U-604 verließ Brest am 22. April 1943, 15.00 Uhr. Es sollte am 20. April, 12.00 Uhr auslaufen, aber kurz vor dem Auslaufen wurde ein Schaden am Kompressor entdeckt. Am dritten Tag auf See, dem 25. April, zersprang ein Motorzylinderkompressor, worauf Höltring nach Brest zurückfuhr. U-604 lief am 28. April um 09.00 Uhr in Brest ein. Es hatte nichts versenkt. Höltring vertrat die Meinung, daß Sabotage sowohl für den Schaden am Kompressor als auch an dem Dieselmotor verantwortlich war. Nach der Rückkehr wurden einige tote Ratten im Frischwassertank Nr. 3 entdeckt. Man brauchte fast zwei Monate, um U-604 für seine nächste Fahrt wieder herzustellen.

Sechste und letzte Fahrt U-604

U-604 verließ Brest am 24. Juni 1943 zu seiner sechsten und letzten Fahrt, begleitet von drei oder vier Minensuchern. Es fuhr die Küste hinunter nach Bordeaux, in dessen Nähe es ein anderes 500-Tonnen-U-Boot traf, das mit ihm durch die Biskaya fuhr. Nach drei Tagen wurden sie von Flugzeugen angegriffen. U-604 tauchte weg, aber das andere U-Boot erwiderte das Feuer. Es wurde beschädigt und gezwungen, zum Stützpunkt zurückzukehren. Während eines Nachmittages am 8. Juli, südlich der Azoren, traf U-604 mit einem Versorgungs-U-Boot zusammen, das, wie ein Überlebender glaubt, U-437, Oberleutnant Metz, war.

Proviant für eine Woche wurde hinübergebracht und Treibstoff übernommen. Überlebende bestätigen, daß dieses Treffen das erste Anzeichen für eine lange Reise war.

Äquator-Taufe

Am 22. Juli überquerte U-604 den Äquator. Ein Überlebender bestätigt, das Höltring eine Meldung von Admiral Dönitz erhielt, die ihm sagte, daß die Äquator-Taufe ernst sei. Ob dies wahr war oder nicht, wurde diese Zeremonie mit einer großen Energieanstrengung abgehalten, gemäß den Aussagen aller Überlebenden. Höltring, schon ein „shellback" (alterfahrener Seemann) nahm an dieser Zeremonie teil, bekleidet mit einem improvisierten Kostüm. Einer der anderen Veteranen war als Neptun verkleidet. Jeder Mann wurde einzeln mit Wasser übergossen, dann mußte er eine Pille, gedreht aus Senf, Marmelade, Salz, Pfeffer und anderen Gewürzen, einnehmen. Dann wurde er in ein bereitgehaltenes Segeltuch gestopft. Die Männer erhielten den Taufschein und ein Kümmelgetränk, als die Taufe beendet wurde. Die Feier wurde abgehalten, als das Boot unter Wasser war.

Der Flugzeugangriff

Am Abend des 30. Juli kam der Luftangriff, der U-604 zum Verhängnis wurde. Das U-Boot bewegte sich im Tageslicht auf der Oberfläche vorwärts, in einiger Entfernung von San Salvador, Brasilien. Weder das RADAR noch die Geschütze waren besetzt. Die Brückenwache bestand aus dem I. Offizier, Oberleutnant z. S. Aschmann, der Nr. 3 Bootsmaat Lurz und zwei Mann. Der P.-K.-Offizier nahm Fotos auf dem Oberdeck auf. Ein Flugzeug überraschte die Wache, als es vom Sektor 0 bis 90° heruntertauchte, für den der erste Offizier verantwortlich war. Beide, Aschmann und Lurz, wurden tödlich verwundet durch das Feuer des Flugzeuges! Aschmanns rechter Kiefer wurde abgeschossen und Lurz erhiel Verwundungen im Bauch. Höltring kletterte auf die Brücke, um sich umzuschauen und erhielt selbst Kugeln in seine linke Schulter und Brust. Die Verwundeten wurden in die Zentrale heruntergereicht, und U-604 feuerte zurück, bis ein Bombentreffer in der Nähe explodierte. Dann tauchte es unter. Die Schäden an dem U-Boot waren fatal. Überlebende berichteten folgendes: Der St.B.-Motor wurde aus seinem Fundament gerissen. Einige Luftdruck-Flaschengruppen wurden zerstört. Der Dieselöl-Hochbehälter wurde losgerissen. Der Junker-Kompressor wurde von seinem Platz gerissen und später mit Ketten befestigt. Der Schraubenschaft hatte ein Loch, ungefähr 500 l Wasser strömten stündlich ein. Im Turm war ein Wassereinbruch in Fingerstärke. Beide Seerohre waren gebrauchsunfähig. U-604 konnte nur noch langsam tauchen und der Trimm konnte nur noch schwer gehalten werden. Höltring kam zu dem Entschluß, daß er sein Boot nicht mehr in einen französischen Hafen zurückbringen könne. Das Gerücht verbreitete sich, daß Höltring einen argentinischen Hafen anlaufen würde. Als er seine Lage dem B.D.U. berichtete, versprach man ihm Hilfe von einem anderen U-Boot.

Begräbnis auf See

Ein paar Stunden nach dem Angriff starben Aschmann und Lurz. Sobald es sicher war, tauchte Höltring auf und brachte das Boot zum Stoppen. Es war Nacht. Er schickte die Hälfte der Besatzung mit den Körpern, die in Hängematten eingenäht und mit der deutschen Flagge bedeckt und mit schweren Gewichten versehen waren, auf Oberdeck. Höltring las eine kurze Andacht über den Lautsprecher des Bootes, während die Besatzung sich still verhielt. Auf Befehl „Tote von Bord" wurden die zwei Körper der See übergeben. Ein Überlebender bestätigt, daß die gesamte Besatzung sehr ergriffen war von dem Begräbnis auf See.

Ja, so sahen das unsere Gegner!

Man muß sich vorstellen, in einem U-Boot zu sitzen, in einer Kampfmaschine, die nur für den Seekrieg konstruiert und gebaut wurde. Erst kommt die militärische Komponente und dann die soziale, wie wir in so einem Kampfmittel leben, ist sekundär.
In einer Stahlröhre von 60 mtr. Länge und 3,50 mtr. Innenbreite bleibt für die Besatzung nicht mehr so viel Raum. In den ersten Jahren rekrutierten sich die Besatzungen nur aus Freiwilligen, später in den letzten Kriegsjahren wurden aus Schulen ganze Kompanien der U-Waffe zukommandiert.
Die Besatzungen merkten, als sie auf einem Boot Erfahrungen sammelten, daß das Leben auf einem U-Boot eine Zumutung ersten Ranges war. In Friedenszeiten stand der Besatzung ein Wohnschiff zur Verfügung, im Krieg konnte man, wenn eine Unternehmung zu Ende war, sich in Baracken, die in einem Wald lagen, ausruhen.
Als das Sterben im Mai 1943 im Atlantik durch die neuen Peilgeräte unserer Gegner in vollem Gange war, die Kommandanten nach den Kommandierungen von einzelnen Besatzungsangehörigen zu Lehrgänge nach neuen Männern suchten, stellten sie fest, daß der Großteil der Männer in den Personalreserven der Flottillen, bei unerfahrenen Kommandanten nicht einsteigen wollten.
Sterben wollte von diesen Männern keiner, wir alten U-Bootfahrer auch nicht, dazu waren wir zu jung.
Aber wir hatten Erfahrung in vielen harten bis zur Selbstaufopferung gehenden Kämpfen - das kannten die anderen nur vom Hörensagen. Waren diese Männer an Bord, wurden sie in die Besatzung eingebunden, da gab es kein Zurück mehr, wir hatten auf unseren Frontbooten in den ersten Tagen der Unternehmung einige Schwierigkeiten.
Wir, U-172, waren noch draußen und suchten den ungefährlichsten Weg nach Lorient.
Aber welcher Weg war nicht gefährlich, die Biskaya vom Gegner abgeschnürt, dort mußten wir durch.

Am 18.08. erhielten wir von unserem Befehlshaber per Funk die Nachricht. Starker Einsatz von U-Jagdfahrzeugen des Gegners in der Biskaya. Vorsicht, auch vor deutschen Bombern, die in diesem Gebiet Überwachungseinsätze fliegen. Also mischten die Ju 88 mit.
Am 21.08. Funkspruch: Nach Luft- und Ortungsbeobachtungen U-Jagdstreitkräfte des Gegners durch die Angriffe der Ju 88 vertrieben.
Am 04.09. um 02.00 Uhr hatten wir das Küstenfeuer in Sicht und sind nach Landpeilung weitergelaufen. Unterwassermarsch bis 22.30 Uhr.
Am 05.09. um 06.00 Uhr sind wir getaucht, bei der Überwasserfahrt hatten wir keine Feindberührung. Um 10.00 Uhr aufgetaucht. Die erste Seewache stand auf Station, die Freiwachen lagen in den Kojen oder Hängematten und blödelten rum. So kurz vor dem Einlaufen war alles locker und gelöst, was machen wir, wenn wir im Stützpunkt sind und das erste Bier in der Hand haben? Was werden wir alles anstellen! So lief das stundenlang. Aber, wir waren noch nicht im Bunker.
Plötzlich, ein unheimliches Geräusch, das uns von den Kojen und Sitzen riß. Von Steuerbord vorn bis zu E.-Maschine schlurfte etwas an der Bordwand entlang. Wir im U-Raum wußten sofort, daß es ein Minenseil war, alle weiß um die Nase, starr vor Schreck, bis sich der Schock löste. Das war haarscharf! Die meisten Männer wußten nicht, was los war, als wir Unteroffiziere es ihnen sagten, rissen sie noch blöde Witze und meinten, der Klabautermann hätte angeklopft. Ja, so waren diese Kerle!
Im Kampf gegen Flugzeuge oder Überwasserstreitkräfte kann man sich wehren, gegen Minen und Wasserbomben nicht. Hier unter Wasser kann man nur stillhalten und hoffen, daß es uns nicht erwischt. Wäre der Kommandant nur 10 mtr. höher gefahren, hätte die Mine mit dem Boot Kontakt bekommen, dann AUS und VORBEI, verschollen!
Alles so kurz vor dem Heimathafen. Bei dieser Unternehmung hatten wir ein unbeschreibliches, immer wiederkehrendes Glück!
Unser Einlaufkurs war vermint, das wußten wir jetzt, das Boot mußte durch, um den Sperrbrecher zu treffen, der uns vorausfahrend in den Hafen brachte.
Wir hatten am 06.09. um 09.00 Uhr Il de Croix in Sicht, um 12.30 Uhr vom Geleit aufgenommen.
Das Einlaufgebiet mit Magnetminen vom Gegner verseucht, alle Mann an Oberdeck, Anzug Schwimmweste, nur etwa 10 Mann blieben im Boot um bei einem Minentreffer Verluste zu vermeiden.
Lorient: 15.00 Uhr im Skorf-Bunker festgemacht!
Wir waren zuhause, ein Aufatmen ging durch die gesamte Besatzung, wir hatten alle weiche Knie, nur Ruhe, nichts als Ruhe, weiter wollten wir nichts.
Der Flottillenchef mit seinem Stab an der Bunkerpier zum Empfang für U-172. Es wurden große Worte gesprochen, wir haben nicht hingehört, waren heilfroh, wieder da zu sein! Die Männer von U-172 und die

Restbesatzung von U-604 standen auf der Brücke und an Oberdeck, tranken das herübergereichte Bier. Die U-604er waren sehr bedrückt, sie dachten an ihre Kameraden, die auf U-185 gebombt wurden. Wer war von denen gerettet, keiner wußte es. Wir hatten in dieser Unternehmung zuviel mitgemacht, viele Kameraden hatten die Infektionskrankheit noch nicht überstanden, lagen in den Kojen und warteten auf ärztliche Hilfe.

Alle, die auf der Pier standen, schauten scheu zu uns herüber, abgemagert, blaß und im verdreckten Bordpäckchen, nicht rasiert und verschmutzt vom Scheitel bis zur Sohle, standen wir da.
Wir mußten auf sie den Eindruck gemacht haben, als wären wir 200 Jahre zu spät geboren und gehörten zu den Piraten der spanischen Flotte, die damals in der Karibik ihr Unwesen trieb. Freude kam nicht auf, es war zuviel geschehen in all den Wochen auf See.
Ein Oberfeldwebel der Feldgendamerie, den wir am nächten Tag in einer Kneipe in Lorient trafen, fragte uns allen Ernstes, ob wir U-Bootfahrer alles Verrückte wären. Er hatte uns beim Festmachen im Bunker beobachtet. Hatte er Recht? Wer weiß es?
Von den 7 Booten, die an der brasilianischen Küste gegen die gegnerische Schiffahrt eingesetzt waren, kamen nur wir, U-172, zurück.
Eine gute eingefahrene Besatzung, hervorragend ausgebildet auf allen Stationen und unser Kmdt. Carl Emmermann waren die Garanten dafür.
Alle können wir uns gegenseitig bedanken und auf die Schulter klopfen, mehr nicht.
Andere Boote haben Schlimmeres mitgemacht und kamen nicht zurück.
Es blieben draußen:
U-513 Kmdt. Kptlt. Gugenberger, U-199 Kmdt. Kptlt. Kraus, U-185 Kmdt. Kptlt. Maus, U-598 Kmdt. Kptlt. Holtorf, U-591 Kmdt. Kptlt. Ziesner, U-604 Kmdt. Kptlt. Höltring. 248 Männer blieben auf See.

Stellungnahme des Befehlshabers der Unterseeboote zum Kriegstagebuch U-172 Emmermann vom 29.05. bis 17.07.1943. Mit bewährter Tatkraft und gutem Geschick durchgeführte Unternehmung, die dem Boot einen erfreulichen Erfolg brachte. Die glückliche Abwehr mehrerer Flugzeugangriffe ist dem umsichtigen und richtigen Verhalten zu danken. Sonst nichts zu bemerken.

Anerkannte Erfolge:

MA Cornish City	*4952 BRT. versenkt*
MA African Star	*8500 BRT. versenkt*
DA Harmonic	*4558 BRT. versenkt*

DA Port Chitin *6000 BRT. versenkt*
4 Schiffe *24010 BRT. versenkt*

Für den Befehlshaber der Unterseeboote
— Der Chef der Operationsabteilung -

Sonst nichts zu bemerken! So einfach ist das!

Am Einlauftag, am 07.09.1943, haben wir nichts mehr gemacht, standen im Boot herum und haben unsere Seesäcke gepackt. Die Wachen wurden eingeteilt, die Männer gingen in den Wohnbunker für U-Bootfahrer der 10. U-Flottille, der mitten in der Stadt lag. Erst mal hingehauen und gepennt. Alle wußten wir, daß ein paar Meter Beton über unseren Köpfen waren, aber die Männer lagen ruhig in ihren Kojen. Fliegeralarm! Der störte uns nicht, wir haben das gar nicht so richtig mitbekommen.
Einer wird ja immer zuerst wach, der holte uns hoch, hatte aber schon ein paar Kästen Bier und einige Flaschen Schnaps in der Kantine auf Pump geholt.
Obergefr. Wieser hatte immer Angst, daß er nichts abbekam. Krüger, Sager und Höhmann hatten mit verschlafenen Augen schon eine Flasche Bier am Hals, wir anderen mußten zusehen, daß wir dran blieben. Alle ließen sich vollaufen, sie hatten es verdient. Die 604er waren dabei, alles war locker und gelöst.
Was hatten wir doch ein Glück, wieder hier zu sein. Am nächsten Tag Wachwechsel auf dem Boot, jetzt kamen die anderen dran, sie warteten schon darauf.
Alle Männer, die nicht in der Wache auf dem Boot standen, fuhren mit ihren Sachen bepackt in ein Außenlager und richteten sich in den Baracken ein.
Umtausch von gebrauchsuntauglichen Kleidungsstücken, Waschen der Wäsche und rein in die Badewanne.
Am 10.09. kam die Flottille mit der Urlaubsregelung, wer war erster, wer war zweiter Urlaubstörn?
Im ersten Törn war auch ich, Sachen gepackt, Marschbefehl geholt und nichts wie ab.
Am Bahnhof von Lorient trafen 20 Mann unserer Besatzung zusammen. Beladen mit Getränken aller Art, die man in den Hafenkneipen kaufen konnte, bestiegen wir mit unseren Seesäcken den Urlauberzug. Die Flaschen wurden sofort, als sich der Zug in Bewegung setzte, vom Korken befreit. Wir hatten in unserem Gepäck ein am Vortag erhaltenes Führerpaket. Inhalt: Mehl, Zucker, Schokolade und einige andere Lebensmittel. Ein Mitbringsel für Zuhause.
Es wurde ein lustige Fahrt bis Metz, dort mußten wir auf den Bahnhofsoffizier einen desolaten Eindruck gemacht haben.
Er holte uns und andere Urlauber von U-Booten doch tatsächlich mit großem Stimmaufwand aus dem Zug. Ehe er seine Rede los wurde, stand ein Kapitän z. See neben ihm und ließ sich berichten. Der Kapi-

tän z. See machte zu uns eine Handbewegung und deutete uns an, wieder einzusteigen. Wir waren sofort wieder im Abteil und sahen uns durch das Fenster den immer kleiner werdenden Hauptmann an. Die Fahrt ging weiter. Bis Trier haben wir es in dem engen Abteil ausgehalten, wir wollten uns die Stadt ansehen und am nächsten Tag weiterfahren. Gesagt, getan. Gepäck fertig gemacht, Gangtür auf, und in diesem Moment kam der Hauptmann vom Zugpersonal mit seinem Jagdhund vorbei, den trat ich aus Versehen auf die Pfote, und er biß mich postwendend in den Bauch. Das Theater, das jetzt losging, war filmreif.
Alles brüllte durcheinander, Maat Peter verlangte vom Hauptmann, ein älterer Herr der Reserve, daß er mir das Verwundetenabzeichen zu verleihen hatte.
Daß der alte Herr keinen Schlaganfall bekam, war alles, er verließ die Stätte zornbebend.
Alle 8 Mann aus unserem Abteil stiegen aus, Gepäck auf dem Bahnsteig geworfen und erst mal meinen Bauch verarztet. Viele Soldaten vom Heer um uns herum, als die sahen, was los war, wurde ich von einem Sanitäter sofort versorgt. Die Wunde gereinigt, verbunden und eine Spritze verpaßt, Hose gewaschen, Gepäck abgegeben und ab in die Stadt.
Wir hatten schwer geladen, die Promille waren hoch, weit kamen wir nicht, die erste Kneipe war auch unsere letzte. Hier ließ ich mir von der Wirtin das Hemd nähen, 2 Flaschen Schnaps, die wir mitgenommen haben, tauschten wir beim Wirt gegen 2 Flaschen Rum ein. Die Wirtin hatte Verständnis und braute uns Grog. Das wurde ein gemütlicher später Abend, aber wir mußten weiter. Das ältere Ehepaar brachte uns mühevoll zum Bahnhof, herzliche Verabschiedung und schon liefen wir wieder auf Heimatkurs. In Halle stiegen 2 Mann aus, in Berlin 3 Mann, in Forst N/L mußte ich raus und 2 Mann fuhren bis Breslau. Ich war für 10 Tage zuhause.
Die im Stützpunkt gebliebenen räumten das Boot aus und hatten bis auf den Wachdienst auch Ruhe.
Urlaubsscheine oder Karten gab es für uns im Hafen nicht, morgens um 07.00 Uhr war Frühmusterung im Stützpunkt, und damit war alles erledigt.
Männer, die noch einen matten Schein von der vergangenen Nacht im Gesicht hatten, wurden nicht behelligt, am anderen Morgen waren es andere.
Das ging allen Besatzungsangehörigen so, der Dienstbetrieb lief auf Sparflamme.

So militärisch wie in den anderen Einheiten der Wehrmacht, ging es bei uns nicht zu, wir waren und blieben Seeleute. Ein militärisches Imponiergehabe konnte von uns keiner vertragen, da waren wir uns alle einig, vom Kmdt. bis zum lezten Mann. Unser Kmdt. sagte mal glatt her-

aus: Ich brauche an Bord Seeleute, die schießen können, Heizer und Torpedomixer, die jede Schraube kennen und Funker, die auf den Wellen reiten. Das konnten die Männer, in mehreren Unternehmungen haben es alle bewiesen.
U-172 ist ein glückliches Boot, vorerst noch, wir mußten das bald erfahren, daß es auch anders sein kann. Aber das hatte noch Zeit. Ja, der Urlaub war für den ersten Törn zu Ende, ich war mit meinen Kameraden wieder im Stützpunkt. Die Abteilungen im Boot wurden von uns übernommen, und der zweite Törn fuhr ab in Richtung Heimat, hoffentlich wurde von denen keiner gebissen. Als die erfuhren, was mir passierte, hatte ich die Lacher gegen mich.
Die Werftliegezeit und Ausrüstung verlängerte sich erheblich, was nun?
Die Flottille schickte 15 Mann, darunter auch mich, in das U-Boot-Erholungsheim nach Weilerbach in Luxemburg. Herrlich im Wald gelegen und für uns Seelords eine ideale Freizeitburg.
Am zweiten Tag wurden wir von U-172 zum Arbeitsdienst eingeteilt, wir gingen auf die Barrikaden, bekamen Krach mit dem Heimleiter. Ich rief die Flottille an, von da aus hatten wir Ruhe und ich einen Gegner mehr. Die zwei Wochen in Weilerbach haben wir von einem Besäufnis zum anderen durchgestanden. Es war eine herrliche Zeit, und die kam nicht wieder.

Wieder im Stützpunkt Lorient

Bis zur Ausrüstung hatten wir noch ein paar Tage Zeit, dachte ich. Weit gefehlt! Als ich mit einem Uffz.-Kameraden zur Frühmusterung ging, grinsten die, sagten aber nichts. Als ich die angetretene Besatzung sah, verschlug es mir die Sprache, zum größten Teil völlig fremde Männer standen vor mir. Die Obergefreiten stumm wie die Fische, was ist hier los? Ich war Wachmaat und mußte die Männer für den Dienst einteilen. Ehe ich wußte, was los war, stand ein Oberleutnant vor mir und sagte, daß er der I. Wachoffizier von U-172 sei. Wir alten Angehörigen unseres Bootes waren sprachlos, wußten nicht, was hinten und vorn ist. Was der I. Wachoffizier von unserem Boot uns sagte, haben wir ganz schnell wieder vergessen, so ging das nicht.
Mit meiner Wache war ich an Bord, stand in der Zentrale am Kartentisch und unterhielt mich mit meinen Kameraden, als der neue erste Wachoffizier durch den Turm runterkam. Die erste Frage: Wo geht es hier in den Offz.-Raum, ich dachte mich beißt schon wieder ein Hund, der Mann kannte das Boot nicht, auf uns kam Schlimmes zu.
Jetzt zu diesem Zeitpunkt beneidete ich die Kameraden, die ausgestiegen waren.
30 neue Männer an Bord, Offiziere, die das Boot nicht kannten und uns führen sollten, das geht nicht gut.

Das kann doch nicht wahr sein, wir sollten noch Schlimmes erleben!
Als ich auf Urlaub war, kam die Abkommandierung für Oberfeldwebel und Unteroffizierslehrgänge. 18 Mann der alten Besatzung waren von Bord und nicht mehr da.
Uns alten Unteroffizieren und den alten Obergefreiten standen die Haare zu Berge, die beiden Obermaschinisten und der Obersteuermann hielten sich raus und sagten vorerst nichts. Die Hälfte der Besatzung neue Männer, das konnte nicht gut gehen. Neue Unteroffiziere, kaum einer hatte eine Unternehmung auf einem U-Boot.
Die alten Besatzungsangehörigen wußten nicht, was sie mit den Neuen anfangen sollten.
Durchschnittlich waren sie 20 Jahre alt, hatte keine U-Boot-Schule durchlaufen. So sah es 1943 in der U-Waffe aus. Jetzt, zu diesem Zeitpunkt, im Jahre 1943, starben Tausende, kamen nicht mehr zurück, die Personalfrage wurde immer prekärer.
Gleichzeitig zur Ausrüstung lief die Einteilung der Wachen und der Gefechtsstationen.
Jeder Maat wollte die alten Männer auf seiner Station haben, das ging natürlich nicht. Im Unteroffiziersraum wurde hart gerungen. Das wichtigste waren die Seewachen auf der Brücke, dort mußten die schußfesten Männer in 3 Wachen gleichmäßig verteilt werden. Eine schwere Aufgabe, aber natürlich einigten wir uns.
Die Einteilung haben wir dem Kommandanten vorgelegt. Er war einverstanden.

Es gingen folgende Wachen der Seeleute:
I. Wachoffizier, seemännische Nr. 1 + 2/Obr.-Gefrt. + 2 Gefreite.
II. Wachoffizier, seemännische Nr. 3 + 4/Obr.-Gefrt.
III. Wachoffizier, seemännische Nr. 2 + 1/Obr.-Gefrt. + 3 Gefreite.
Daß diese Einteilung richtig war, haben wir schon in der Biskaya erleben dürfen.
Wer war von den neuen Seeleuten schußfest, was würde im ersten entscheidenden Kampf geschehen? Wußten die Männer, was in Über- und Unterwasserfahrt von ihnen verlangt wurde, waren sie hart, um das alles durchzustehen? Keiner von uns Alten wußte es! Was heißt schußfest? Ein Vergleich! Wenn man an Land an einem Geschütz steht, im Kampf mit angreifenden Flugzeugen, und es wird schwierig, die Stellung zu halten, hat man die Möglichkeit in Deckung zu gehen. Bei uns auf einem U-Boot geht das nicht. Auf einem Podest von 2.50 m auf 3 m Breite stehen 2 Zwilling-2-cm-Kanonen, stellen Sie sich das mal vor! Springen Sie zur Seite, dann fliegen Sie über die Reling, fallen ins Wasser und ertrinken. Da müssen Sie stehen bleiben und schießen, der Kmdt. hat keine Möglichkeit, das Boot zu drehen und die Männer wieder aufzufischen. Diese schußfesten Männer hatten wir, aber es waren nur noch wenige.

Am nächsten Tag bekam ich einen Marschbefehl nach Mimizan-Place, ich mußte mit 6 Männern der neuen Besatzung zu einem Schießlehrgang. Mimizan-Place liegt südlich von Bordeaux an der Biskayaküste. Dort trafen wir einen Tag später ein, weil wir in Bordeaux übernachtet hatten. Die Schwierigkeiten, die ich mit dem dortigen Spieß hatte, waren nicht klein. Ich konnte ihn überzeugen, daß ich an Ausreden nicht verlegen war.

Dann ging das Schießen in der Batterie los, 40 Kanonen aller Kaliber der leichten Flak in einer Reihe. Wir schossen nur 2-cm-Einzellafette, auf einen durch ein Flugzeug gezogenen Luftsack. Das ging in einer Woche vorbei, und wir fuhren in unseren Stützpunkt zurück.

Als wir im Bunker unser Boot sahen, verschlug es uns die Sprache. Auf dem ersten Podest 2 Zwilling-2-cm-Flakkanonen, zusätzlich hinter dem Seerohrbock 2 große Gasflaschen. Auf dem 2. Podest 1 Vierling-2-cm. Noch nie damit geschossen, das konnte heiter werden, warum waren wir eigentlich zum Schießlehrgang? Jetzt wurde mir erst der wahre Umfang der Abkommandierung klar. Was auf unser Boot zukam, konnte ich mir an den zehn Fingern abzählen.

Am 07.11.1943 nachmittags mußten wir, die Besatzung, in blauer Uniform in Lorient/Musikschule antreten. Fünf Maate und zwei Obergefreite wurden mit dem E. K. I. ausgezeichnet, das war nicht so wichtig. Aber jetzt kam, was wir alle befürchteten, unser Kmdt. Kapitänleutnant Emmermann stieg aus. Er wurde Flottillenchef der 6. U-Flottille in St. Nazaire und verabschiedete sich. Er war aus dem Rennen.

Unter seinem Kommando hatten wir mit unserem U-172 28 Schiffe versenkt, 186000 BRT. in vielen Gefechten, die fast aussichtslos erschienen, Flugzeugangriffe abgewehrt und Wasserbombenverfolgung durchgestanden.

Der ganze Mittel- und Südatlantik war unser Einsatzgebiet, von den Azoren in die Karibik bis an den Panamakanal. Von Freetown an der afrikanischen Küste bis nach Kapstadt und rüber über den Atlantik bis ins brasilianische Küstengebiet.

Ob wir im Alleingang Einzelfahrer angriffen und versenkten oder in U-Boot-Rudeln Geleitzüge verfolgten, unser Kmdt. konnte sich auf eine gut eingefahrene Besatzung verlassen. Wir hatten Erfolg.

Abkommandiert wurden nach dieser schlimmen Unternehmung:
Kmdt.: Kapitänleutnant Carl Emmermann
II. Wachoffizier: Ober-Ltnt. z. See Klaus Hackländer
Leitener Ingenieur: Ober-Ltnt. Bernd Frohwein
I. Torpedomaat: Ober-Mech.-Maat Heinz Trompelt
Seemännische Nr. I: Bootsmann Erich Matuzak
dazu 5 Obergefreite aller Laufbahnen. Der größte Verlust. Wir waren mit den Abkommandierungen erfahrener Männer nicht mehr die alte kampfkräftige Besatzung.

Eine Katastrophe für unser Boot, wir sollten das noch in letzter Konsequenz zu spüren bekommen, aber so weit war es noch nicht. Die beiden

Obermaschinisten Walter Gerke und Max Schubert holten uns Maate und Obergefreiten im Bunker zusammen und erklärten uns die Lage. Fassungslos standen wir dem gegenüber.

Draußen auf dem Atlantik wurde der Kampf immer heftiger, brutaler und verbissener. Gnadenlos bis zur Selbstaufopferung wurde gekämpft. Es wurden uns 18 Mann eingefahrenes Personal genommen und 28 neue Männer an Bord geschickt, die zum Teil noch nie auf See waren.
Am 08.11.1943 begann die Ausrüstung, nebenbei lief die Ausbildung der neuen Besatzungsangehörigen, die zum Teil keine U-Boot-Schule durchlaufen hatten. Auf allen Stationen Rollenexerzieren, wir Unteroffiziere packten die Männer hart an. Wir wollten ihnen in den paar Tagen wenigstens das kleine ABC der U-Boot-Fahrerei beibringen, das Große müssen sie draußen selbst schnell begreifen.
Sonst...!
Ausrüstung. Das ist eine Arbeit für alle Hände, die greifbar sind und zur Verfügung stehen.
In den letzten beiden Unternehmungen wurde unser Boot so vollgestopft, daß wir in den ersten 3 Wochen unsere Verpflegung zusammensuchen mußten.
Unser Boot wurden mit erheblich mehr Lebensmitteln ausgerüstet als gebraucht wurde. Unsere IXc-Boote mußten die Rückmarschierer, die aus dem Südatlantik kamen, ausrüsten, damit sie den Stützpunkt erreichten. Versorger vom Typ XIV gab es nur noch „U-488" und „U-490" zu dieser Zeit, also mußten die großen IXc-Boote, wie wir eins waren, als Versorger mitfahren.
Der Raum im Boot wurde dadurch noch enger, die Männer lagen im Boot wie Sardinen in der Dose.
Wochenlang in dieser Enge! Dabei Flugzeugangriffe, die abgewehrt werden mußten, um weiter zu kommen. Die 10,5-cm-Seezielkanone mit der Munition von der seemännischen Nr. I, Obermaat Schmidt, die Flakwaffen und MG's mit der vielen Munition von Bootsmaat Plottke und ihren Männern betreut und einsatzfähig gehalten. Beide ausgebildete Geschützführer, Seeziel und Flak. Die Torpedomechaniker, die ihre Aale regeln mußten, um bei einem Torpedoangriff klare Waffen zu haben, das technische Personal mit einer Fülle von Technik, waren wie alle gefordert.
Die Ausbildung der Seeleute mit Schwerpunkt Flakwaffen, Geschützexerzieren und Einsteigen ins Boot, hatte Vorrang. Das Einsteigen mußte mit 6 bis 8 Mann Brückenpersonal in 8 bis 10 Sekunden erledigt sein, die Schnelligkeit des Einsteigens entscheidet in den meisten Fällen über Leben und Tod.
Die Ausbildung in Kurzform an den Seiten- und Tiefenrudern und am Maschinentelegraph wurde von einem anderen Maat übernommen. Die wenigen alten Obergefreiten waren mit der Übernahme der Ver-

pflegung beschäftigt, das technische Personal hatte seine eigenen Sorgen.
Die Aussage, daß die Obergefreiten das Rückgrat jedes militärischen Verbandes sind, bestätigte sich auch bei uns voll.
Ohne diese Männer geht nichts.
Nebenbei mußten die 2-cm-Magazine mit verschiedenen Munitionsarten wechselweise gefüllt werden, MG-Munition wurde griffbereit verstaut. Der Auslauftag rückte immer näher, Landgang nur stundenweise und abwechselnd, eigene Bekleidungsstücke wurden spät abends gewaschen und instandgesetzt.
Wir hatten eine ganz schlimme Unternehmung hinter uns, was kommt jetzt auf uns zu.
Die beiden Obermaschinisten, Walter Gerke und Max Schubert, die ältesten Soldaten an Bord, liefen, wie ich mich erinnern kann, mit Pokergesichtern herum, kaum ansprechbar, die beiden wußten, wie wir, was bei uns lief.
Diesen beiden Besatzungsangehörigen und uns alten Maaten, sowie den Obergefreiten, die von Anfang an dabei waren und über 400 Tage auf U-Booten im Atlantik dienten, konnte man nichts mehr vormachen.
Daß wir überhaupt noch lebten, war das reinste Wunder, wir saßen zusammen und besprachen die Lage im Atlantik, besonders die in der Biskaya.
Wir gingen in Gesprächen nochmals die einzelnen Stationen mit ihren Männern durch.
Wenn wie uns im Stützpunkt Lorient umsahen, konnten wir feststellen, daß immer mehr Bunkerboxen leer blieben und die Boote nicht mehr zurückkamen.
In anderen Stützpunkten wie Brest, La Palis und St. Nazaire sah es genau so aus.
Das war für uns eine Warnung, der Dienstbetrieb wurde härter, wir machten uns gegenseitig nichts mehr vor. Eine harte Ausbildung für die Seeleute an den Flakkanonen setzte ein, Ausbildung nachts in der Dunkelheit des Bunkers mußte jeden mit der Waffe vertraut machen.
Jeder Mann der neu eingestiegenen Besatzungsmitglieder ahnte, was auf ihn zukam.
Jeder von uns wußte, daß in der Biskaya die erste Bewährungsprobe durchzustehen ist.
Hier kam das erste Gefecht auf uns zu. „Werden wir das mit den neuen Besatzungsangehörigen durchstehen?" Die Biskaya, ein vom Gegner absolut in der Bewachung beherrschtes Gebiet, mußte überwunden werden, um freien Seeraum zu erreichen. Ich singe hier nicht das Hohe Lied der Seeleute, die die direkten Gegner im Kampf gegen Feindflugzeuge waren.
Die Funker saßen an ihren Geräten, mußten uns vor Ortung der anfliegenden Maschinen warnen. Die Mechaniker, die mit den 11/2 t schwe-

ren Torpedos hantierten und sie schußbereit hielten, das technische Personal in der Zentrale oder im Diesel- und E.-Maschinenraum, sie waren alle schwer gefordert.
Keiner hatte es leicht in diesem Kampfmittel U-Boot. „Werden wir das durchstehen oder gehen wir zu den Fischen"? Wie lange ließ die Beantwortung dieser Frage noch auf sich warten? Wie wir wußten, lagen bereits zu dieser Zeit 60% unserer Kameraden auf dem Grund des Atlantik, zusammengebombt nach hartem und verbissenem Kampf.
Die großen Erfolge, die bis in den Mai 1943 hineinreichten und in Euphorie ausarteten, blieben durch die neuen Peilgeräte des Gegners aus. Der Kampf wurde immer härter, wir kämpften, die wir Großbritannien an den Rand einer Niederlage gebracht hatten, einen aussichtslosen Kampf.
Neue schnelle U-Boote waren im Bau, aber kommen die noch rechtzeitig an die Front.
Waren noch gut ausgebildete Männer mit U-Boot-Erfahrung greifbar, um diese Boote besetzen zu können?
Konnte man das alles noch in einen Erfolg ummünzen?
Freiwillige gab es kaum noch, jeder wußte, was ihm blüht, wenn er auf einem U-Boot einstieg.
Alte und erfahrene Kommandanten nur noch eine Handvoll, unser alter Kmdt. Korvettenkapitän Carl Emmermann gab seine Flottille ab und stieg wieder auf einem neuen Boot ein.
Offiziere kamen jetzt in erhöhtem Maß aus Unteroffiziersdienstgraden, um kampfkräftige Besatzungen zu erhalten. Ich wollte nicht in der Haut unseres neuen Kommandanten und alten Wachoffiziers Oberleutnant z. See Hermann Hofmann stecken. Dieser Offizier war 3 Unternehmungen lang mein Wachoffizier, wir beide kannten uns genau und wußten, was wir voneinander zu halten hatten.
Einen so hervorragenden Kommandanten wie unseren letzten, Kapitänleutnant Emmermann zu ersetzen, ist keine leichte Sache.
Eine Besatzung zu führen, die als Korsettstangen nur ein paar alte Unteroffiziere und Obergefreite hatte und sich durchzusetzen, verdient Hochachtung.
Mit Offizieren, die an die Leistung der Unteroffiziere nicht heranreichten, zu fahren, das ist eine Zumutung für einen Kommandanten.
Wenn Sie die U.S.-amerikanischen Anmerkungen lesen, nehmen Sie das nicht ernst. Das sind Emotionen oder Gefangenenaussagen.

Die Besatzungsliste von U-172 IV. Unternehmung
Kommandant Hoffmann, Hermann, Obr.-Ltnt. z. See, 22 Jahre,
Coreth, Graf Maximilian, Obr.-Ltnt. z. See, 24 Jahre
Heitz, Friedrich Wilh., Ltnt. z. See, 23 Jahre
Löffler, Alfred, Ltnt. Ing., 25 Jahre
Vole, Gerhard, Obr.-Ass.-Arzt, 31 Jahre
Schröter, Karl, PK u. Art.-Maat, 31 Jahre

Duwe, Karl, Obr.-Steuermann, 24 Jahre
Schmidt, Erich, Obr.-Bootsmaat, 25 Jahre
Plottke, Herbert, Bootsmannsmaat, 23 Jahre
Padeike, Walter, Bootsmannsmaat, 21 Jahre
Gerke, Walter, Obr.-Maschinist, 30 Jahre
Schubert, Max, Obr.-Maschinist, 29 Jahre
Holzke, Heinz, Masch.-Obr.-Maat, 23 Jahre
Lemke, Otto, Masch.-Obr.-Maat, 24 Jahre
Markgraf, Arno, Masch.-Obr.-Maat, 26 Jahre
Banse, Ewald, Masch.-Obr.-Maat, 23 Jahre
Hoffmann, Walter, Maschinenmaat, 26 Jahre
Peter, Alfred, Maschinenmaat, 23 Jahre
Schuy, Baltasar, Maschinenmaat, 25 Jahre
Häßler, Hans, Obr.-Funkmaat, 24 Jahre
Birnstiel, Werner, Funkmaat, 21 Jahre
Schneck, Karl, Mech.-Maat, 21 Jahre
Christiani, Heinz, Matr.-Obr.-Gefrt., 21 Jahre
Hülzmann, Ernst, Matr.-Obr.-Gefrt., 20 Jahre
Krüger, Bernhard, Mart.-Obr.-Gefrt., 21 Jahre
Leutner, Willi, Matr.-Obr.-Gefrt., 22 Jahre
Mißfeld, Erdmann, Matr.-Obr.-Gefrt., 21 Jahre
Rose, Gerhard, Matr.-Obr.-Gefrt., 21 Jahre
Sager, Hermann, Matr.-Obr.-Gefrt., 21 Jahre
Schäfer, Helmut, Matr.-Obr.-Gefrt., 21 Jahre
Schmidt, Alfred, Matr.-Obr.-Gefrt., 20 Jahre
Wieser, Josef, Matr.-Obr.-Gefrt., 21 Jahre
Höhmann, Horst, Matrosengefreiter, 19 Jahre
Look, Ernst, Matrosengefreiter, 20 Jahre
Schulze, Alfred, Matrosengefreiter, 19 Jahre
Bender, Rudi, Matrose, 20 Jahre
Brandner, Wilhelm, Matrose, 20 Jahre
Braunagel, Helmut, Matrose, 21 Jahre
Heiden, Otto, Matrose, 19 Jahre
Waltl, Werner, Matrose, 19 Jahre
Bierwolf, Hans, Matr.-Obergefrt., 19 Jahre
Dürr, Peter, Masch.-Obergefrt., 22 Jahre
Heil, Kurt, Masch.-Obergefrt., 20 Jahre
Köhler, Anton, Masch.-Obergefrt., 21 Jahre
Lindmoser, Karl, Masch.-Obergefrt., 22 Jahre
Madrowsky, Willy, Masch.-Obergefrt., 22 Jahre
Stenzel, Walter, Masch.-Obergefrt., 22 Jahre
Bunda, Karl, Maschinengefrt., 19 Jahre
Burger, Heinrich, Maschinengefrt., 19 Jahre
Fuhrmann, Horst, Maschinengefrt., 19 Jahre
Gutzeit, Günter, Maschinengefrt., 19 Jahre
Kutsch, Walter, Maschinengefrt., 19 Jahre

Peter, Ernst, Maschinengefrt., 19 Jahre
Kühn, Isidor, Funkgefreiter, 22 Jahre
Liebschner, Egon, Funkgefreiter, 20 Jahre
Meissner, Günter, Mech.-Obergefrt., 21 Jahre
Bender, Egon, Mech.-Gefreiter, 18 Jahre
Bierfreund, Martin, Mech.-Obergefrt., 19 Jahre
Feind, Ewald, Artl.-Mech.-Gefrt., 20 Jahre
Als unser Boot aus dem Hochbunker ins Slip kam und zu Wasser gelassen wurde, erlebten wir die erste Panne.
Das Boot ging in den Naßbunker und wurde vom ersten Wachoffizier mit der St.-Bordseite gegen die Bunkerwand gesetzt. Eine Beschädigung konnten wir vorerst nicht feststellen. Dazu gehört das Boot eingedockt.
Am 12.11.1943 war die Ausrüstung beendet, wir lagen auslaufklar im Bunker.

Beginn der VI. Unternehmung!

Am 13.11.1943 vormittags im Hafen von Lorient Prüfungstauchen und Einschießen der Waffen, als das erledigt war, gingen wir zurück an die Pier. Um 13.00 Uhr Auslauftermin. Der Flottillenchef verabschiedete uns, wir liefen aus und wurden vom Geleit aufgenommen.
Völlig unverständlich für uns alle, daß das so öffentlich geschah. Agenten meldeten doch sofort an ihre Dienststelle, daß ein Boot auslief, was dachten die Herren sich eigentlich? Wir sind schon gemeldet, ehe wir den Hafen verließen. Vom Geleit wurden wir am Auslaufpunkt entlassen und tauchten sofort zum Unterwassermarsch.
Die hier operierenden Feindflugzeuge machten verstärkt Jagd auf aus- und einlaufende U-Boote, wir wollten auf keinen Fall Feindkontakt.
Als wir um 22.00 auftauchten, stellten wir mit Entsetzen fest, daß unser Boot eine Ölspur hinter sich herzog, also doch durch die Rammung im Bunker beschädigt. Das hatten wir unserem I. Wachoffizier zu verdanken. Oder war es Sabotage durch die Werftarbeiter?
Nur Rückmarsch kam in Frage, wir gingen nicht nach Lorient zurück, sondern nach St. Nazaire ins Dock.
Als das Boot durch die Schleuse war, stand unser ehemaliger Kmdt. am Bunkerkopf und lotste es in den Bunker. Nachdem das Boot eingedockt war, stellte sich eine Beschädigung an einem Ölbunker heraus, die Werft wurde sofort eingesetzt und begann mit der Reparatur, die sich bis zum 21.11. hinzog.
Unser Obermaschinist Gerke reklamierte die Arbeit sofort als Pfusch, er sagte, daß das aufgeschweißte Stahlblech zu viel Spannung hat. Er drang beim L. I. nicht durch, es wurde so belassen.
Wie recht unser Obermaschinist hatte, erfuhren wir beim ersten Wasserbombenangriff, da flog das Stahlblech ab, und das Boot zog eine Ölspur hinter sich her. Das war unser Verhängnis.

Am 22.11. um 14.00 Uhr liefen wir endgültig aus, der alte Kmdt. Korvettenkapitän Emmermann, verabschiedete uns herzlich, aber wir liefen wieder am hellen Tag aus!
Das Boot lief ohne Schnorchel, zu dieser Zeit ein Boot ohne Schnorchel in See zu schicken ist, vorsichtig ausgedrückt, eine militärische Leichtsinnigkeit.
Mit Schnorchel kann ein U-Boot längere Zeit unter Wasser fahren und ist somit für die feindlichen Streitkräfte unsichtbar und für ihre Angriffe unerreichbar.
Wir mußten damit leben, daß wir dieses Hilfsmittel nicht hatten, unser Admiral konnte sich ausrechnen, wann wir auf Tiefe gehen und vernichtet werden.
Zu dieser Zeit nützte alle Kampfkraft nichts, wenn diese technischen Hilfsmittel nicht vorhanden waren.
Wir hatten, als wir ausliefen, dieses Hilfsmittel nicht. Heute sind bei allen seefahrenden Nationen, die U-Boote im Dienst haben, diese mit einem Schnorchel nach deutschem Konstruktionsvorbild ausgerüstet.
Das Boot ging durch die Schleuse und wurde vom Geleit bis zur 200-m-Linie gebracht und entlassen.

Die Unternehmung begann!

Unser Boot und Besatzung sind mächtig für eine Fahrt über viele Wochen ausgerüstet worden, der Zielhafen für U-172 sollte Penang sein.
In St. Nazaire wurde der II. Wachoffizier wegen Untauglichkeit durch einen anderen noch nicht gefahrenen Mann ausgetauscht, er war ein umgänglicher Wachoffizier, aber das reicht auf einem U-Boot nicht. Auf einem U-Boot gilt nur Leistung, sonst nichts!
In Über- und Unterwassermarsch durchquerten wir mit unserem Boot die Biskaya bis Kap Finesterre und gingen in den Atlantik.
Am 03.12.1943 von 00.00 Uhr bis 04.00 Uhr ist die 3. Seewache, der Obersteuermann und die seemännische Nr. II mit 4 Seeleuten auf der Brücke. Es ging eine rauhe See, sehr stürmisch, eine stockdunkle Nacht. Die Lüftungsschächte an Stb.- und Bb.-Oberkante der Brücke summten, der Dieselauspuff blubberte am Heck, und die See wusch über das Deck und mit Spritzern über die Brücke.
Plötzlich hörten wir Motorengeräusche von einem Flugzeug, zum Tauchen zu spät. Sofort beide Lüfter abgestellt, um besser hören zu können, das Motorengeräusch wurde direkt von vorn stärker, das ging alles in Sekunden. Befehl am den Rudergänger im Turm, hart Bb. Steuerbordmaschine „äußerste Kraft voraus!" Die Männer in der Zentrale hellwach. Das Boot im Drehen, nahm hohe Fahrt auf, die vier Mann an den Kanonen luden durch. Plötzlich Scheinwerfer von oben, MG-Feuer und sechs Bomben kamen auf einen Schlag. Alle Bomben lagen

Stb. voraus, hätten wir nicht nach Bb. abgedreht, wäre für uns in dieser Nacht Feierabend gewesen, die Bomben hätten uns vom Bug bis Heck voll getroffen. Das MG-Feuer hatte keine Wirkung, auch unsere Flakschützen kamen durch die Schnelligkeit des Überfluges nicht zum Schuß. Sofort Alarmtauchen, nichts wir runter, als wir auf 40 m waren, haben alle tief durchgeatmet, wir sind dem Teufel tatsächlich in letzter Sekunde von der Schaufel gesprungen.
Diesen Angriff hatten wir nicht durch Waffen, sondern durch seemännisches Können gemeistert.
In der nächsten Nacht, wieder waren der Obersteuermann und ich, die seemännische Nr. II, auf Mittelwache, im Boot ein Desaster. Von oben konnten wir sehen, wie dunkle Rauchschwaden durchs Boot zogen, Männer wurden nach vorn getragen. Der Diesel fiel plötzlich aus, wir mußten mit beiden E.-Maschinen weiterfahren. Der Kmdt. kam auf die Brücke und unterrichtete uns, daß eine Abgasklappe nicht richtig schloß, der neu an der Klappe arbeitende Mann kam mit der technischen Einrichtung noch nicht richtig klar. Die Abgase wurden ins Boot geblasen, die Männer fielen durch Gasvergiftung um wie die Fliegen und mußten in die vorderen Räume gezogen werden. Wir waren im Augenblick tauchunklar, erst mußte das Boot durchgelüftet werden, die Lüfter liefen auf vollen Touren und hatten das Boot in kurzer Zeit mit frischer Luft sauber. Das technische Personal unseres Bootes war durch die neu eingestiegenen Männer besonders gefordert. Die Unteroffiziere standen in einem schweren Stress, sie wagten sich kaum noch von den Stationen.
Diese beiden Vorkommnisse waren heilsam für die gesamten Männer, die Besatzung war plötzlich wie aus einem Guß, die neu eingestiegenen Männer wußten schlagartig, wo sie lebten.
Die Verunsicherung der Unteroffiziere und Obergefreiten ließ nach, es entspannte sich alles.
Die letzten 48 Stunden waren eine Warnung für alle, sie begriffen es schnell, zumal alle wußten, daß wir mit einem technisch veralteten Boot unterwegs waren.
Unser Zielhafen Penang in Südost-Asien war weit, eine riesige Entfernung, wir mußten versorgen.
Wir fuhren unter Wasser auf unseren Versorgungspunkt zu, wir tauchten am 10.12.1943 um 20.00 Uhr auf und lagen direkt neben U-Burghagen, eine hervorragende Arbeit unseres Obersteuermanns.
Korvettenkapitän Burghagen verlangte sofortige Übernahme der Versorgungsgüter, was unser Kmdt. bei dieser Helligkeit in diesen Längengraden ablehnte, er verlangte eine Nachtversorgung und lief ab.
Es waren sechs U-Boote in der Nähe, die versorgen mußten oder schon versorgt hatten. Der dauernde Funkverkehr von U-Burghagen fiel unserem Kommandanten auf die Nerven, dieser Funkverkehr zog die gegnerischen Streitkräfte an wie ein Magnet oder wie das Licht die Motten.

Bei anbrechender Dunkelheit gingen wir längsseits, Schlauchverbindung wurde hergestellt, Proviant übernommen und unser alter Leitender Ingenieur Obrlt. Frohwein, der die Fahrt bis hier mitmachte, um unseren neuen L. I. einzufahren, stieg über und fuhr mit U-Burghagen nach Hause.
Wir, „U-172", liefen, nachdem das letzte Schlauchboot abgelegt und die Schlauchverbindungen gelöst waren, sofort nach Süden mit großer Fahrt ab.
U-Burghagen funkte bei oder nach jeder Versorgung der Boote lustig weiter. Unser tödliches Verhängnis.
Die U.S.-Suchgruppe mit dem Flugzeugträger Bogue, den Zerstörern Dupont, Clemson, Ingram und dem Trosschiff Georg E. Badger kam uns mit sechs Trägerflugzeugen entgegen. Wir liefen bei ruhiger See und gutem Wetter mit hoher Fahrt von diesem verhängnisvollen Versorgungspunkt ab.
Daß wir dieser amerikanischen Suchgruppe direkt in die Arme liefen, konnte kein Mensch ahnen.

Am 11.12.1943, um 10.00 Uhr, standen wir im Mittelatlantik südwestlich der Azoren. Ich hatte, da ich als Steuermannsmaat fuhr, die letzten Stunden der Seewache in der Seekarte einzutragen und nachzukoppeln. Der erste Funkmaat Hans Häßler, der zur selben Zeit einen Mann am Funkmeßgerät ablöste, hatte Ortung und gab Alarm, er reagierte sofort. Zur selben Zeit kam von der Brücke Fliegeralarm, ich stand am Kartentisch direkt unter dem Zentraleluk und enterte sofort auf. Die Kanonen- und MG-Bedienungen waren Sk. später an den Waffen, sofort ging der Kampf gegen zwei Trägerflugzeuge los, wir schossen, was aus den Waffen raus ging. Die Flugzeuge wurden abgewehrt und verschwanden in den Wolken, warfen eine Wasserbomben-Mine Mark 24 und eine Sonarboje, einen Orientierungspunkt für die nachfolgenden Zerstörer. Meine Nr. 2 an der Vierling-2-cm riss mich aus dem Sitz und deutete auf die Brücke, kein Mann zu sehen, alle eingestiegen, an Stb.-und an Bb.-Seite hörten wir die Pressluft aus den Zellen zischen. Turmluk zu, das Handrad drehte sich in Verschluß-Stellung, ich warf mich auf das Luk und hielt das Handrad fest. Im Turm der Kmdt. und der erste Wachoffizier, die hatten uns glatt vergessen und ließen uns zwei Mann oben. Ich drehte in wahnsinniger Eile das Luk auf, der Obergefreite Leutner ließ sich einfach in den Turm fallen, ich hinterher, beide landeten wir in der Zentrale.
Der Kmdt. bekam im letzten Moment das Luk zu, ich hatte mir durch den Fall über 4,50 m, als ich auf die Flurplatten schlug, zwei Rippen an der rechten Seite gebrochen. Jetzt, zu diesem Zeitpunkt, hatte ich, als U-Bootfahrer, der 429 Seetage auf U-Booten im Atlantik diente, die Nase gestrichen voll.
Der Arzt verpaßte mir einen Verband, der mich einschnürte, und damit war die Sache erledigt.

Wir tauchten vier Stunden später auf, es war 14.30 Uhr, die zweite Seewache stand auf der Brücke und bemerkte drei Trägerflugzeuge, die im Anflug auf das Boot waren, zu spät, die Flugzeuge waren sehr nahe am Boot. Alarmtauchen, das Boot kam schnell unter Wasser, wurde aber vom Gegner bemerkt. Sie warfen erneut eine Sonarboje und markierten uns. Jetzt zu diesem Zeitpunkt hatten sie uns erfaßt und im Griff; was uns erwartet, konnten wir uns ausrechnen. Werden wir dort rauskommen?
Unser Kmdt., der jünger war als seine Unteroffiziere, aber alle Fahrten von der In-Dienst-Stellung mit unserem Boot mitgemacht hatte, stand vor einer schweren Entscheidung. Sollten wir mit großer Fahrt unter Wasser ablaufen, mit halber Radfahrgeschwindigkeit von 8 Sm/h, da reicht die Batteriekapazität nur für 60 Minuten oder aber mit kleinster Fahrt zu entkommen versuchen? Der Kmdt. entschied sich für das Letztere, es sollte sich herausstellen, daß das die richtige Taktik war.
Wir konnten Zerstörern, die bis zu 36 Sm/h liefen, nicht entkommen, dazu war unsere Geschwindigkeit unter Wasser zu gering.
Wir gingen auf 40 m Wassertiefe und änderten unseren Kurs, völlige Stille im Boot. Schleichfahrt!
Der erste Funkmaat Hans Häßler sofort am Horchgerät, vorerst keine Peilung, nach etwa einer Stunde Schraubengeräusche 240 Grad. Zerstörer.

Jetzt, zu diesem Zeitpunkt, wußten wir, was die Glocke geschlagen hatte, die Besatzung ruhig und gespannt auf das, was da kommen mußte.
Der Kmdt. ging mit dem Boot auf 120 m Wassertiefe, gleich darauf Asdic-Impulse, die über die Bordwand prasselten, ein irres Geräusch, das die Nerven zum Flattern bringt. Zwei Zerstörer überliefen uns, wir hörten die Abschüsse der Wasserbomben und gleich nach Sk. zwölf Detonationen um uns herum.
Die neuen Besatzungsangehörigen, die noch keine Wasserbomben-Detonationen gehört hatten, waren geschockt.
Wir Unteroffiziere paßten auf, daß keiner durchdrehte und laut wurde, das konnte gefährlich werden. Jeder Laut wurde vom Gegner mitgehört, das mußten wir vermeiden.
Knallharte Schläge, wie mit einem Riesenhammer, trafen das Boot. Wir haben schon viele Wasserbomben ertragen müssen, daß aber jetzt Serien von zwölf Bomben kamen, war uns neu. Das Licht fiel sofort aus, die Notbeleuchtung sprang flackernd an, kleine Wassereinbrüche in der Zentrale und im Bugraum, die sofort abgedichtet wurden.
Bis jetzt hatten wir es immer mit den Begleitzerstörern der Geleitzüge zu tun, was wir jetzt über uns hatten, war eine „U-Boot-Suchgruppe", die keinen Geleitzug zu schützen hatte.
Extra auf „U-Boote" angesetzt, hatten sie Zeit, da wegzukommen, gelang nur mit einem Riesenglück. Werden wir das haben?

Das Bombardement ging über Stunden weiter, daß unser Boot noch keinen Treffer erhalten hatte und wir nicht zu den Fischen gingen, war ein Wunder. Der Kommandant fuhr Ausweichbewegungen wie ein Skifahrer auf der Slalompiste, es nützte nichts. Die Zerstörer peilten uns mit dem Asdic ein und fuhren unseren Kurs nach.
Durch die dauernd in unserer Nähe detonierenden Wasserbomben immer wieder kleine Wassereinbrüche, in den Bilgen sammelte sich gefährlich das Leckwasser. Unser Boot hatte eine Vorlastigkeit von 25 Grad bei einer Tauchtiefe von 280 Metern. Die Maschinen liefen rückwärts. Alle Mann achteraus, 40 Männer hangelten sich in den E.-Maschinen- und Dieselraum, um das Boot mit ihrem Gewicht achtern runterzudrücken. Entlüftung Wasserdichte-Back wurde geschlossen und angeblasen, unendlich langsam bei dauernden Wasserbomben-Detonationen kam unser Boot auf ebene Lage. Die Besatzung wieder auf Gefechtsstation.

Wieder Wassereinbruch im Bugtorpedoraum, gleich darauf in der E.-Maschine, die Lenzpumpen konnten durch den hohen Außendruck nicht gebraucht werden.
Kein einziger der Besatzung drehte durch, alle ruhig und gefaßt, was bringen die nächsten Minuten?
Die Mannschaften orientierten sich nach dem Verhalten der Offiziere und der Unteroffiziere, wir alle wollten nur eins, raus aus diesem Hexenkessel.
Ununterbrochen prasselte mit dem nervenzerreißenden Pink-Pink das Asdic des Gegners auf unser Boot.
Der Leitende Ingenieur hatte das Boot in der Hand, aber wie lange noch. Oben wurde es dunkel, was konnten wir tun, um dem Tod zu entgehen?
Das Boot ließ sich nur noch in Rückwärtsfahrt in der Trimmung halten. Oben wurde es Nacht, die Wasserbomben wurden weniger und hörten um 22.00 Uhr auf. Völlige Stille nach diesem stundenlangen Krachen, eine Wohltat für unsere Ohren und Nerven.
Oberfunkmaat Häßler hatte am Horchgerät keine Peilung, auch kein Asdic mehr vom Gegner.
Was ist da oben los, liegen sie gestoppt und warten bis wir auftauchen oder sind sie abgelaufen? Unwahrscheinlich!
Im Boot wurde in großem Tempo gearbeitet, um die Leckstellen abzudichten, dazu wurde das technische Personal besonders gefordert.
Nach zwei Stunden gab der Kommandant den Befehl, auf Seerohrtiefe zu gehen. Langsam stieg das Boot, die Luft, der Strom für die Batterien und der Sauerstoff zum Atmen waren knapp geworden, wir mußten hoch.
Das Boot stieg langsam weiter, wir waren auf 100 Meter Wassertiefe, immer weiter hoch, kein Angriff, nichts! Haben die da oben uns wirklich verloren oder standen sie hinter ihren Kanonen?

Das Boot stand auf Seerohrtiefe. Beide Seerohre wurden ausgefahren, der Kommandant und der I. Wachoffizier nahmen Rundblick und sahen nichts. Wir blieben noch eine Stunde in Rückwärtsfahrt auf Seerohrtiefe und mußten dann endgültig hoch, um nicht an Sauerstoffmangel zu ersticken.

In der Zentrale standen die Männer der gesamten Flak-, MG- und Kanonenbedienung zum Aufentern bereit, alle waren wir auf einen harten Kampf mit den Zerstörern gefaßt. Um 24.00 Uhr vom Kommandanten, Anblasen, gleich darauf vom Leitenden Ing. „Boot ist raus".
Der Kommandant drehte das Turmluk auf, und in Sekunden waren wir alle an den Waffen. Sofort Magazine für die 2-cm-Flakkanone und Gurte für die MG's nachgereicht. Erster Rundblick, herrliches Wetter, spiegelglatte See mit einem Vollmond, der in ungefähr 50 Grad über der Kimm stand. An Steuerbordseite 90 Grad ein Zerstörer in 2000 m Entfernung, der mit uns gleichen Kurs fuhr. Kein Feuer, auch wir schossen nicht, ein anderes Schiff nicht zu sehen, wo waren die?
Im Boot wurde fieberhaft gearbeitet, um die nötigsten Reparaturen auszuführen. Wir liefen mit einem Diesel und einer E.-Maschine etwa 8 Seemeilen Geschwindigkeit, der Zerstörer immer mit.
Alle Waffen besetzt, Munition lag in großen Mengen bereit, der Kommandant befahl keinen Feuerüberfall.
Jetzt plötzlich Artilleriefeuer auf uns, wir schossen durch die große Entfernung nicht zurück.
Der Kommandant befahl die Flakbesetzung ins Boot, um die Männer durch MG-Feuer nicht zu gefährden. Der Kommandant und die seemännische Nr. II allein auf der Brücke, ich bekam den Befehl, das Boot zu fahren, mich aber nicht in die Mondbahn drücken zu lassen.
Der Kommandant stand an der Zieloptik und versuchte, mit den Heckrohren einen Torpedoangriff, alle vorderen äußeren Torpedoklappen ließen sich durch das Bombardement nicht mehr öffnen.
Das Boot wurde von mir immer in die Artillerie-Einschläge reingefahren, um einen Treffer zu vermeiden, das gelang mit aber nur eine Stunde, dann lief der Zerstörer durch seine höhere Geschwindigkeit von achtern auf.
Mich wunderte die ganze Zeit, daß der Gegner keine schweren MG's gegen uns einsetzte, die Entfernung war für ihn ideal, für uns auch. Was hatte der vor, wollte er uns entern?
Als der Zerstörer bis auf 600 m aufgelaufen war, mußte der Kommandant schießen, der Kommandant schoß, wie vorher gesagt, aus dem Heckrohr.
Wir tauchten, als der Torpedo das Rohr verlassen hatte, sofort und gingen auf 200 m Wassertiefe.
Der Zerstörer überlief uns, wir hörten die Abschüsse der Wasserbomben, aber keine Detonationen um uns herum. Wir wußten Bescheid,

Hedgehog-Wasserbomben mit Aufschlagzünder. Diese Wasserbomben waren, wenn sie das Boot trafen, immer tödlich, jetzt umschlich uns ohne Detonationsgeräusche der Tod.
Bis zu 24 Bomben dieser Art wurden auf einmal abgeschossen, eine furchtbare Sache, wir mußten jede Sekunde mit einem Treffer rechnen. Der Zentralmaat Arno Markgraf fragte mich, was oben los sei, ich sagte ihm, daß er das gerade merkt.

Der Obersteuermann stand in der Zentrale am Kartentisch und koppelte den Kurs mit, ein ausgezeichneter Mann, der schon als Maat auf „U-172" fuhr und mein Ausbildungsmaat auf der „U-Schule" in Pillau war. Ich ging in den Unteroffiziersraum, setzte mich an die Back, um mich etwas zu beruhigen, als ich durch das Kugelschott in den Bugtorpedoraum sah und die Mannschaft beobachtete, stellte ich fest, daß alle völlig ruhig in dem überladenen Raum saßen und kein Wort sprachen.
Der 1. Funkmaat saß wieder am Horchgerät, Schraubengeräusche von einem Zerstörer und gleich darauf von drei Zerstörern. Asdicgeräusche prasselten mit ihrem Pink-Pink über das Boot. Die Zerstörer liefen an. Jetzt hatten sie eine andere Taktik und warfen abwechselnd Wabos und Hedgehog-Wabos. Neue Bombenserien, Tauchzellen an Backbord und Steuerbord gerissen, Kreiselkompaß und Magnetkompaß Totalausfall.
Wir fuhren ab sofort blind. Gummiflansch der Hauptlenzpumpe zum Außenventil gerissen.
Immer wieder Anläufe der Zerstörer, Hedgehod- und normale Wasserbomben abwechselnd.
Der Zerstörer mußte bei den normalen Wasserbomben direkt über dem Boot stehen, um seine Bomben werfen zu können. Die Werfer der Hedgehog-Bomben warfen diese in einem großen Oval bis zu 250 m voraus. Wir liefen rückwärts und entkamen so den Bomben.
Die normalem Wasserbomben hämmerten alle 20 Minuten auf uns ein, ein ohrenbetäubendes Krachen, das an den Nerven zerrte. Das Boot stand wieder auf 280 m Wassertiefe und hatte noch 3500 m Wasser unter dem Kiel.
Zwei Torpedos liefen in den Bugrohren selbständig an, die Torpedomechaniker waren machtlos, eine Detonation war unwahrscheinlich. Das irre Geräusch der laufenden Torpedos in den Rohren zerrte an den Nerven und wurde vom Gegner gehört.
Die Sicherungen der elektrischen Anlage flogen laufend raus, immer wieder stockdunkel oder mit Notbeleuchtung mußten wir leben. Halbtaub vom Krachen der Wasserbomben standen oder lagen die Männer im Boot.
Wir hatten keinen Sauerstoff zum Atmen, die Flaschen leer, nur noch 30 kg Luft zum Auftauchen. Die Batterien für unsere E.-Maschinen gefährlich am Ende.

Nur eine Schraube, die sich in Rückwärtsfahrt kaum noch drehte, trieb das Boot zurück, daß es gerade noch zu halten war. Nach neuen Wasserbomben die Untertriebszellen gerissen, jetzt hatten wir 10 Tonnen mehr Wasser im Boot, es wurde schwerer. Um das Boot überhaupt halten zu können, mußten höhere Fahrtstufen geschaltet werden, der Strom für die Motoren nahm rapide ab.
Die Lenzpumpen Totalausfall, jetzt zu diesem Zeitpunkt mußte der Kmdt. das Boot aufgeben.
Die Beschädigungen waren erdrückend, es gab für uns keine Rettung mehr. Bis zu diesem Zeitpunkt wurden 247 Wasserbomben und 168 Hedgehogbomben auf das Boot geworfen. Das auszuhalten muß man sich mal vorstellen. Aber keiner von den harten Männern drehte durch, alles blieb ruhig. Durch die Wasserbomben-Explosionen wurden die Oberdeck-Tuben der Torpedos eingedrückt.
Das Trinkwasser war durch gerissene Zellen der Trinkwasserbehälter nicht mehr genießbar. Seit zehn Stunden hatten wir keine Flüssigkeit, bei 50 Grad Hitze, mehr zu uns genommen.
Der Durst plagte uns furchtbar, Obstkonserven wurden geöffnet und ausgegeben.
Der Arzt ging von Raum zu Raum, kontrollierte den Gesundheitszustand der Besatzung, keine Beanstandungen.
Wasserbomben am laufenden Band, eine Serie nach der anderen, wann haben die sich verworfen, wann keine Bomben mehr? Die vorderen Tiefenruder ließen sich nur noch mit Geräuschen, die der Gegner mithören konnte, bewegen, alles war verklemmt und schwer beweglich.
Die Männer am Tiefenruder mußten laufend abgelöst werden, erschöpft und voller Schweiß legten sie sich auf die Flurplatten. Die Tauchzelle 5 in der Mitte des Bootes wurde angeblasen, um das Boot leichter zu machen. Wieder Serien von Wasserbomben, die Beschädigungen nahmen katastrophale Ausmaße an.
Der leitende Ingenieur und sein technisches Personal versuchte mit allem Wissen, was ihnen zur Verfügung stand, uns vor der Katastrophe des Abschießens in der Tiefe zu bewahren.
Jetzt wurde Tauchzelle 8 angeblasen, das Boot stand bei dieser Tiefe und legte sich auf ebenen Kiel.
Immer wieder stockdunkel durch Ausfall der Beleuchtung, wir alle atmeten schwer, klatschnaß vor Schweiß. Durst, der uns plagte, war das schwerste Problem. Die Trinkwasseranlage Totalausfall. Da wir ohne Kompaß blind fuhren, keine Arbeit mehr am Kartentisch, Karten, Zirkel und Bleistift wurden nicht mehr benutzt.
Sauerstofflaschen leer, Kalipatronen wurden vom Kommandanten nicht freigegeben, diese Patronen waren unsere letzte Rettung, aber keiner konnte wissen, wie oder wann man sie als Letztes gebrauchen mußte.
Keine Wasserbomben mehr, doch das nutzte uns allen nichts, das Boot wurde schwerer und sackte ab.

Das Boot war nicht mehr zu halten.
Durch den großen Außendruck knisterte es an der Bordwand, die Holzspinde rissen, wir waren gefährlich am Ende.

Völlige Ruhe im Boot, im Bugraum verschoben sich die Spanten, ein Zeichen, daß die Höchsttiefe erreicht war. Der Kmdt. befahl dem L. I., nach oben zu gehen, leicht gesagt, er brachte das Boot unendlich langsam höher. Das Boot stieg, unsere Augen hingen am Tiefenmesser. Der normale Tiefenmesser ging bis zu 200 m Wassertiefe, in St. Nazaire ließ unser Obermaschinist Walter Gerke ein normales Dampfmanometer zusätzlich anbringen, nach dem richteten wir uns. Ein Glück, daß er das gemacht hat, wir konnten die Tiefe ablesen.
Der Kmdt., unser Hermann Hoffmann, ließ das Bier, das wir für die Äquatortaufe mitgenommen hatten, ausgeben.
Wir stillten den Durst mit Bier, ein Labsal.
Das Boot stand bei 220 m Wassertiefe. Der Kommandant befahl alle Offiziere und Unteroffiziere in die Zentrale und unterrichtete uns über den technischen Stand des Bootes. Mit den Beschädigungen, die das Boot aufzuweisen hatte, konnte es den Heimathafen ohne Hilfe anderer Boote nicht mehr erreichen.
Der Kmdt. fragte uns, ob wir unten bleiben oder auftauchen wollten. Keine Frage, natürlich auftauchen.
Wir machten uns zum Aufsteigen fertig, zogen uns saubere Unterwäsche und Bordpäckchen an, dann klar bei Schwimmweste und Tauchretter.
Keine Wasserbomben mehr!
Der Leitende Ingenieur brachte das Boot langsam höher, unendlich langsam, wir hatten in den Flaschen einen Druck von 30 kg, wird das zum Anblasen reichen?
Die Besatzung stand auf Gefechtsstation, klar zum Aussteigen. Was uns oben erwartet, konnten wir uns an den zehn Fingern abzählen, mit sofortigen Luftangriffen mußten wir rechnen, Artilleriebeschuß von Zerstörern war sicher und mußte einkalkuliert werden.
Wenn wir zurückschossen, hatten wir damit zu rechnen, daß sie abliefen und uns im Wasser liegen ließen, das war die Gefahr.
Die Besatzung mußte schnell aus dem Boot und ins Wasser, der L. I. erhielt den Befehl, das Boot zu versenken, der Torpedomaat hatte die Anweisung, das Bug-Torpedoluk zu öffnen und der Smut das Kombüsenluk. Durch Turm, Kombüsen- und Torpedoluk mußte die Besatzung aussteigen. Die achteren Luk's lagen unter Wasser und konnten nicht geöffnet werden.
Die Reihenfolge des Aussteigens bestand nach Dienstgraden, erst der Kmdt. mit der seemännischen Nr. I und II, die blieben auf der Brücke bis alles aus dem Boot ist, dann die Mannschaftsdienstgrade, Unteroffiziere und danach die Offiziere. Als letzterer der L. I. mit seinem I. Zentralmaat, die das Boot zu versenken hatten.

Die seemännische Nr. I und II mußten Masch.-Pistolen mitnehmen, um bei einem Enterversuch sofort eingreifen zu können.
Der L. I brachte das Boot ständig nach oben, eine schwierige Sache, aber er schaffte es.
In dieser Phase des Auftauchens kamen keine Wasserbomben, warum eigentlich nicht? Keiner von uns konnte das begreifen.

Das Wetter oben war ruhig, Seegang 2, wir konnten uns eine Chance ausrechnen, wenn der Gegner stillhält. Das Boot stand um 18.20 Uhr auf Seerohrtiefe, der Kmdt. befahl „anblasen", gleich darauf von L. I. Boot ist raus. Jetzt ging alles blitzschnell, drei Luk's auf und raus mit der Besatzung aus dem Boot.
Der Kmdt., die seemännische Nr. I und II als erste durchs Turmluk und auf die Brücke.

Der amerikanische Zerstörer Ingram lag in 200 m Entfernung an St.-B. und wurde vom Kmdt. mit MG-Feuer und von den beiden seemännischen Unteroffizieren mit MP-Feuer zugedeckt.
Die Amerikaner kamen nicht an ihre Waffen, der Zerstörer lief mit hoher Hecksee ab.
Durch dieses von uns eröffnete Feuer hatte unser Gegner einen Toten und acht Verwundete zu beklagen.
Wir stellten das Feuer ein, um dem Gegner zu signalisieren, daß wir aussteigen.
Das Unterseeboot U-172 stand in VI Unternehmungen 398 Tage in See und hatte bis zu dieser Stunde 64154 Seemeilen zurückgelegt.
Daß wir diesen Kampf bis hierhin durchgestanden hatten, war eine echte Gemeinschaftsleistung der Besatzung, aber was kommt jetzt auf uns zu.
Um uns herum zwei Zerstörer, 1 Troßschiff und der Flugzeugträger, sie griffen uns jetzt im Verbund mit sechs Trägerflugzeugen, mit Artilleriefeuer und MG's an.
Luftangriffe und Artilleriefeuer setzte uns sehr zu, Tote und Verwundete lagen auf den MG-Podesten und an Oberdeck.
Die Besatzung war aus dem Boot, wir gingen ins Wasser. Der erste Zentralmaat Arno Markgraf riß auf Befehl des L. I. die Entlüftung der Tauchzellen auf und versenkte das Boot, das glückte Gottseidank, es sackte weg und verschwand.
Unser Arzt, den wir erstmalig an Bord hatten, war verwundet und starb, als er im Wasser lag.
Wir schwammen aufeinander zu und hielten uns in kleinen Gruppen an den Schwimmwesten fest, wir wollten nicht auseinandergetrieben werden. Immer wieder Luftangriffe auf uns im Wasser liegende schiffbrüchige Seeleute.
Am meisten setzten uns die Artillerie-Einschläge zu, der Wasserdruck war so stark, daß wir uns auf die Schwimmwesten legten.

Immer neue Anflüge von den Trägerflugzeugen, was wollten die, uns vernichten?
Immer mehr Tote und Verwundete, wann hört das auf? Der Blutzoll war bei uns schon sehr hoch.
Wir lasten diesen U.S.-Amerikanern heute noch an, daß sie auf wehrlos im Wasser liegende Schiffbrüchige schossen. Damit wir durch die See nicht auseinander getrieben wurden, sammelten sich schnell acht Männer, unter denen auch ich war, hielten wir uns an den Gurten der Schwimmwesten fest. Wo waren die anderen Kameraden, abgetrieben oder hielten sie sich auch in Gruppen fest?
Ich hatte mir beim Aussteigen noch schnell eine Pistole gegriffen und in die Tasche gesteckt, ich dachte, ehe du hier abgluckerst, ist eine Kugel besser. Wir lagen im Wasser, was nun?
Matr.-Obr.-Gefrt. Hermann Sager konnte von uns nicht mehr gehalten werden und trieb ab. Eine halbe Stunde später trieb er auf uns zu, und wir fingen ihn wieder ein, er war am Fuß verwundet.

Jetzt kämpften wir gegen das Element Wasser, lagen genauso drin wie diejenigen, die bisher nicht so viel Glück wie wir hatten.
Immer weiter wurden wir auseinandergetrieben, gab es für uns noch eine Hoffnung.
Nach zwei Stunden kamen die Zerstörer zurück, wir hofften auf Rettung. Seeleute des Zerstörers warfen Kletternetze über die Bordwand, wir acht Mann enterten auf. Acht Mann unserer Besatzung an Oberdeck des U.S.-Zerstörers - Ingram -, es waren der Kmdt. Oberleutnant z. See Hermann Hoffmann, der I. Wachoffizier Oberleutnant z. See Graf Coreth, Bootsmannsmaat Herbert Plottke, Maschinenobermaat Arno Markgraf, Matrosengefreiter Bierwolf, Matrosenobergefreiter Josef Wiesner, Matrosenobergefreiter Krüger und der Matrosenobergefreite Hermann Sager, den wir wieder eingefangen hatten.
Wir waren Kriegsgefangene!
Auf diesem amerikanischen Zerstörer herrschte ein Zustand, den wir uns nicht erklären konnten. Auf dem Achterdeck, auf dem wir standen, wurden wir von mit Masch.-Pistolen bewaffneten Seeleuten umringt und in Schach gehalten. Wir acht Mann standen, durch das kalte Wasser völlig ausgelaugt, da und grinsten.
Die Amerikaner wurden immer nervöser, was war bei denen los?
40 Jahre später, als die U.S.-amerikanischen Archive geöffnet wurden, konnte ich erfahren, daß dies der Zerstörer war, der in unserem MG-Feuer lag.
Wir mußten unsere Schwimmwesten und Tauchretter abgeben und uns nackt ausziehen, wir waren durch das auslaufende Treiböl unseres Bootes verklebt, die Augen fast zu, wir konnten kaum noch sehen. Der amerikanische Sanitätsoffizier spülte uns die Augen aus, wir bedankten uns. Die amerikanischen Seeleute legten uns Decken um und führten

uns in den Bugraum des Zerstörers, da bekamen wir neue Bekleidung und unsere Schwimmwesten zurück.
Den I. Wachoffizier Obltnt. z. See Graf Coreth, der aus Österreich war und aus einer adeligen Familie stammte, sahen wir nicht mehr.
Der Kmdt. gab sich zu erkennen und mußte zur Vernehmung auf die Brücke, uns behelligte man nicht.
Der Kmdt. des Zerstörers schleuste einen deutsch sprechenden Seemann ein, das merkten wir sofort. Wir unterhielten uns unverbindlich und spielten Karten. Wir wurden gut verpflegt, hatten Ruhe und ruhten uns von den Strapazen der letzten Tage aus.
Nach einigen Tagen wurden wir auf den Flugzeugträger Bogue übergesetzt und trafen dort mit drei Offizieren, die eine extra Kammer hatten, und 34 Mann unserer Besatzung zusammen.
Es waren glücklicherweise nur zwölf Mann gefallen, der II. Zentralmaat stieg nicht mit aus, er blieb an Bord. Dieser Mann fuhr vor seiner U-Bootzeit auf einem Zerstörer und wurde bei Narvik bei einem Gefecht mit überlegenen englischen Seestreitkräften versenkt und ging ins Wasser.

Jetzt, nachdem der größte Druck auf uns vorbei war, versagten die Nerven. Er war nicht zu bewegen, mit auszusteigen, Gewalt konnten wir nicht anwenden, uns nur verabschieden.
Unser U-172 liegt mit einem Besatzungsangehörigen auf 3500 m Wassertiefe, wir, die mit dem Leben davongekommen sind, werden ewig daran denken.
Unsere Offiziere und besonders der Kmdt. wurden von uns Unteroffiziers- und Mannschaftsdienstgraden sofort getrennt.
Aber nun zu unserem Kommandanten, unserem Oberleutnant z. See Hermann Hoffmann, was erlebte der auf dem Flugzeugträger „Bogue''?

Im Seemannstuhl vom Zerstörer „Ingram" auf die „Bogue" übergesetzt, wurde er sofort zum Suchgruppenführer befohlen. Dort angekommen, wurde er nicht beachtet und wieder hinausgeschickt.
Unser Kmdt. wurde neu eingekleidet, badete und rasierte sich und stand in einer neuen amerik. Seeoffiziersuniform wieder vor dem Suchgruppenführer, der nun ein freundliches Gesicht machte und unserem Kmdt. sofort einen Stuhl anbot. Der amerik. Stabsoffizier bescheinigte unserem Kmdt., daß es in der amerik. Seegeschichte des II. Weltkrieges noch nie eine Wasserbombenverfolgung dieser Härte und Länge gegeben habe. Die amerik. Schiffsbesatzungen waren genauso erschöpft, wie die U-Bootbesatzung. Er hatte noch nie erlebt, daß ein U-Boot fast zwei Tage so hart, ausdauernd und verbissen kämpfte. Er sprach unserem Kommandanten seine Anerkennung aus, bedauerte die Gefallenen und Verwundeten auf beiden Seiten.

Im Bugraum des Flugzeugträgers wurden wir sofort ärztlich versorgt, untersucht und geimpft. Zum Essen aller Mahlzeiten wurden wir in das große Mannschaftsdeck geführt und erhielten dieselbe Verpflegung wie die Besatzung. Die amerikanischen Besatzungsmitglieder standen in großen Gruppen herum und betrachteten uns „Ritter der Tiefe" mit scheuen Blicken. Was ging in denen vor? Was haben wir auf diese Seeleute für einen Eindruck gemacht. Unser Kommandant erhielt, außer der normalen Bewachung eines Postens im Mannschaftsdienstgrad, einen Offizier zugeteilt. Ein malaiischer Steward hatte den Befehl, sich um das leibliche Wohl unseres Kommandanten zu kümmern. Die Mahlzeiten wurden wie auf einem Passagierdampfer dem Kommandanten von U-172 serviert.
Der Suchgruppenführer Kapitän Joseph B. Dunn U.S.N. brachte uns allen eine Achtung entgegen, die wir eigentlich nicht erwartet hatten. Aber jetzt zu den Amerikanern, wie sahen sie U-172?

Marineabteilung, Büro des Chefs der Operationsabteilung Marine, Washington.
Die Besatzung von U-172.
Offiziere: VI. Unternehmung.
Auf der letzten Fahrt von U-172 war Oberleutnant zur See Hermann Hoffmann Kommandant, welcher auf der IV. und V. Fahrt erster Wachoffizier war und auf den ersten drei Fahrten als zweiter Wachoffizier im Range eines Oberfähnerichs stand.
Der vorherige, ursprüngliche Kommandant Kapitänleutnant Carl Emmermann, betrachtete ihn als einen guten Wachoffizier und Stellvertreter, sagte aber einmal, daß er niemals Kommandant eines Schiffes sein könnte. (Der Verfasser: Hier irrt der Amerikaner!)
Kapitänleutnant Emmermann hat in der Beurteilung von Obrltnt. z. See Klaus Hackländer geschrieben, daß er als Kmdt. ungeeignet sei, er bekam aber trotzdem ein Boot (U-423) und wurde auf der ersten Unternehmung am 17.06.1944 im Nordmeer nordwestlich der Färöer-Inseln durch norwegische Flugzeuge vernichtet. Totalverlust! Der erste Kommandant von U-172 Kapitänleutnant Carl Emmermann hat Obrltnt. z. See Hermann Hoffmann als Nachfolger vorgeschlagen, weil er ihn für geeignet hielt und um zu verhindern, daß ein unerfahrener Mann Kommandant wurde, der auch die Besatzung nicht kannte. Das wäre schlecht gewesen, einen neuen unerfahrenen Kommandanten einer erfolgreich eingefahrenen Besatzung vor die Nase zu setzen. Die alten Besatzungsangehörigen hätten sofort gegen den Kommandanten, den sie nicht kannten und dem sie nicht vertrauten, Front bezogen.
Das kann nicht gutgehen, das wußte unser alter Kommandant, er tat das einzig Richtige, konnte aber nicht wissen, daß unfähige Offiziere und Teile der Besatzung, die noch nicht gefahren waren, neu einstiegen.
Das war unser Dilemma auf U-172.

Es hat sich herausgestellt, daß ehemalige Kommandanten, die ein Jahr nicht gefahren waren und wieder ein Boot bekamen, die Lage auf See nicht mehr richtig einschätzen konnten.

Weiter im amerikanischen Archiv:
Der erste Offizier, Oberleutnant Graf Coreth, der zwischen der V. und letzten Fahrt an Bord von U-172 kam, stammt aus einer österreichischen Familie. Er trat sofort, nachdem die Deutschen sein Land 1938 besetzt hatten, in die deutsche Marine ein.
Graf Coreth wurde von seiner Mannschaft keinesfalls hoch geschätzt. Leutnant z. See Wilhelm Heitz war der zweite Wachoffizier. Er kam in St. Nazaire auf U-172, um Leutnant z. See Heinz Müller abzulösen, der in Lorient an Bord gekommen war, sich aber als völlig ungeeignet erwies. Letzterer wurde angeblich zur Ausbildungsflottille nach Pillau geschickt. Heitz war nicht viel besser als sein Vorgänger und überhaupt nicht beliebt an Bord.
Der leitende Ingenieur Leutnant Alfred Löffler war von der Besatzung des Maschinenraumes befördert worden und war der einzig gern gesehene und respektierte Offizier an Bord. Über den Sanitätsoffizier konnte wenig herausgefunden werden. Sein Familienname war Vole, sein Dienstgrad Oberassistenzarzt. Er wurde vom Großteil der Besatzung akzeptiert, aber nicht besonders gemocht.
Der Marineberichterstatter war ein Geschütz-Experte und wurde von einem Besatzungsmitglied als Offizier der Küstenartillerie bezeichnet. Angeblich sprach er Englisch und Französisch.
Es wurde behauptet, er habe die Bedienungsmannschaften der Geschütze ausgebildet und habe den Rang eines Kanoniermaates 3c.

(Der Verfasser: Es ist völliger Unsinn, was hier der Amerikaner behauptet oder aus Gefangenenaussagen ableitet. Wenn der Berichterstatter ein Artilleriefachmann gewesen sein soll, wäre uns Unteroffizieren das bekannt gewesen. Die 10,5-cm-Kanone und alle Flakwaffen von der Vierling-2-cm bis zu den 2 2-cm-Zwilling und den MG's wurde nur von den eingeschossenen Männern unserer Besatzung bedient, da kam kein anderer ran. Wir waren top ausgebildet).
Aus dem amerikanischen Archiv: Der Obersteuermann und die Unteroffiziere waren harte, verschwiegene, gut geschulte Kräfte, manche von ihnen begeisterte und völlig überzeugte Nazis.

(Der Verfasser: Ich habe nicht erlebt, daß an Bord ein Wort von Politik fiel!
'Eine historische Geschichte: In Brest ist ein Boot eingelaufen, Kommandant ein Ritterkreuzträger, der hat, ehe er das Anlegemanöver machte, mit einem Megaphon an Land gerufen, wo die Werftarbeiter zu Hunderten und die Flottille mit 200 Mann angetreten war: Sind die Nazis noch am Ruder? Worauf der Flotillenchef zurückrief: Ja, leider!

Darauf rief der Kmdt. zurück: Verdammte Sch....! Beide Maschinen äußerste Kraft zurück, wir laufen wieder aus!'
Die Marine stand treu zu ihrem Fahneneid, war politisch kritisch, aber immer bereit, sich einzusetzen.
Wenn bei uns an Bord politisiert worden wäre, hätten wir nicht lange überlebt. Politik an Bord bedeutet Unruhe unter dem Kameraden und damit den Tod. Wir hatten auch keine Zeit dazu, der Borddienst nahm alle voll in Anspruch.

Weiter in den amerikanischen Aufzeichnungen:
Einige der Besatzungsmitglieder waren von Grund auf dumm und selbst auf ihrem eigenen Spezialgebiet unfähig. Andere waren ungewöhnlich feine Kerle.
Das Sicherheitsbewußtsein der niederrangigen Bootsmänner und Obergefreiten war wenig ausgebildet.
Viele waren Neulinge auf dem U-Boot, andere waren ungeschulte Rekruten, und viele hatten die Seemannsausbildung aus verschiedenen Gründen abbrechen müssen.
(Der Verfasser: Was hier der Amerikaner aussagt, ist eine unumstößliche Tatsache.
Zu dieser Zeit waren gut ausgebildete Männer nicht mehr greifbar, alles wurde aus den Personalreserven der Flottillen zusammengekratzt, ob gefahren oder nicht, die Boote wurden besetzt.
Mich sprach in einer Unterwasserfahrt der Funkgefreite Liebschner an und bat mich, während meiner Seewache auf die Brücke kommen zu dürfen, um einmal die See zu sehen. Zuerst war ich sprachlos, ließ ihn aber hochkommen und mußte feststellen, daß er völlig geschockt war, als er kein Land mehr sah. (Kamerad Liebschner fiel im letzten Gefecht.)

Mir ging es zwei Jahre zuvor auch so, wie konnten uns zu dieser Zeit einleben, denn die Abwehr der Feindstreitkräfte war nicht groß.
Das änderte sich im Laufe der Zeit, wir wuchsen in diesem Kampf mit.
Die wenig ausgebildeten Männer mußten hart angefaßt werden, um sich in den Dienstbetrieb einzufügen, sie begriffen schnell, daß das U-Bootfahren eine knallharte Sache ist.
Wir Unteroffiziere hatten eine schwere Aufgabe, die neuen Männer zu trimmen, die alten Obergefreiten standen uns zur Seite.
Ich spreche in diesem Buch nicht von Helden, ich habe noch keinen gesehen, alle hatten Angst um ihr Leben. Allen, ob bei der Marine, der Luftwaffe oder im Heer, die an der Front standen, saß die Angst im Nacken. Unseren Gegnern ging es ebenso.
Sie werden hier das Wort Feindfahrten nicht lesen, Feindfahrten machten sie alle, ob Panzerfahrer, Nachschubfahrer, Bomber, Jäger, oder auch die in den Luftschutzbunkern in der Heimat sitzenden Frauen und Kinder.

Der Streß der Besatzungen auf den feindlichen Bewachern der Geleitzüge war besonders groß, sie kamen während der Atlantiküberquerung nicht aus ihrer Bekleidung. Die rücksichtslosen Angriffe der U-Boote setzte ihnen schrecklich zu. Sie waren genau so schlimm dran, wie wir -auf der anderen Seite dieses Irrsinns.)

Amerikanisches Archiv: *6. und letzte Fahrt von U-172. Zwischen der 5. und 6. Fahrt von U-172 lag eine lange Liegezeit. Während dieser Zeit wurden umfangreiche Reparaturen und Änderungen sowohl am Boot als auch am Personal durchgeführt.*

Neue Batterien, die von Deutschland kommen mußten, wurden eingebaut; eine zweite Plattform wurde angebaut; die zwei 20-cm-Kanonen wurden durch zwei 20-mm-Doppellafetten ersetzt, und eine 20-mm-Vierlingslafette wurde hinzugefügt. Kapitänleutnant Carl Emmermann wurde als Kommandant des U-Bootes abgelöst, und sein erster Offizier, Oberleutnant z. See Hermann Hoffmann, trat an seine Stelle. Die Offiziere dieser Fahrt waren:

Kommandant: Oberleutnant z. See Hermann Hoffmann
Erster Wachoffizier: Oberleutnant z. See Graf Coreth
Zweiter Wachoffizier: Leutnant z. See Heinz Müller
Leutnant z. See Wilhelm Heitz
Leitender Ingenieur: Leutnant Alfred Löffler
Sanitätsoffizier: Oberassistenzarzt Vole.

Der Pressekorrespondent wurde ersetzt, und die vorherige Sollstärke um sieben Mann vergrößert: ein Sanitätsoffizier und sechs Seeleute, die die zusätzlichen Kanonen zu bedienen hatten.

Man erwartete, daß diese Fahrt ungewöhnlich lang sein würde, da ein außergewöhnlicher Proviantvorrat an Bord war. Man vermutet den Indischen Ozean, den Persischen Golf und schließlich Japan als Ziele. Auch Singapur wurde als die östlichste Basis erwähnt. Die Vorräte schienen für fünf bis sechs Monate bemessen zu sein.

Tropische Kleidung und ein Bestand an Stahlhelmen für die Brückenwache waren an Bord. Sie wurden jedoch nicht benötigt.

Samstag, der 13. November 1943, war der Auslauftag für die 6. Fahrt von U-172. Diese Fahrt verlief fast in jeder Hinsicht unglücklich, und endete mit dem Verlust des Bootes und 13 Mann.

Beim Auslaufen streifte U-172 einen Felsen im Hafen, aber kein Schaden wurde wahrgenommen, und die Fahrt wurde Kurs Richtung offene See fortgesetzt. Dort erkannte man, daß das Wetter für das Begleitschiff zu schlecht war, und das U-Boot mußte umkehren.

Man entdeckte nach dem Andocken, daß einer der Tauchbunker beschädigt war. Dies wurde repariert.

U-172 lief am 16. November wieder aus und passierte St. Nazaire am 19. November. Als es die 200-m-Linie erreichte, tauchte es, und man merkte, daß das Diesel-Abgasventil leckte und im Bug ein Leck war. Sabotage wurde vermutet. Es fuhr dann die restliche Strecke unter Begleitung nach St. Nazaire weiter.

(Der Verfasser: Wir streiften nie einen Felsen im Hafen, das Leck erhielten wir bei der Rammung im U-Bootbunker in Lorient. Als ich Oberbootsmannsmaat Erich Schmidt als Wachmaat um 16.00 Uhr am 9. November 1943 ablöste, machte das Boot im Bugtorpedoraum Wasser, ich rief sofort den ersten Wachoffizier, der sich im Kasino befand an, keine Reaktion von diesem Offizier. Von einem neben uns liegenden IXc-Boot holte ich mir einen Torpedomaaten, der zufällig an Bord war, wir lenzten den Bugtorpodoraum. Meine Eintragungen im Wachbuch wurden nicht beachtet. Wir waren in St. Nazaire, gingen in den Bunker, wurden eingedockt, die Leckstelle wurde erkannt und repariert.
Eine Pfuscharbeit, die vom Obermaschinisten Walter Gerke erkannt wurde. Der Leitende Ingenieur beließ es dabei und der Teil fiel beim ersten Bombenangriff ab und verursachte eine Ölspur.
Wir warteten in St. Nazaire auf neue Torpedotypen, das zog sich ein paar Tage hin.)
Leutnant z. See Heinz Müller wurde wegen U-Untauglichkeit durch Leutnant z. See Wilhelm Heitz ersetzt.
Am 22. November 1943 lief U-172 schließlich von St. Nazaire aus und nahm Kurs auf den Südatlantik zwischen den Azoren und Portugal. Ihre Anweisungen waren unter Verschluß und Spekulationen darüber trieb die Besatzung weiter, als ihr Boot sie bringen würde.
Die Tatsache, daß der Auslauftag ein Montag war, machte jeden nervös und sogar sicher, daß das Unglück vor ihnen lag.
Das erste Beispiel für dieses Unglück lag darin, daß Entlüfterstutzen an verschiedenen Tauchtanks geschlossen, gesichert und auf Handbetrieb vorgefunden wurden. Dieser Zustand hatte von ihrem Auslaufen bis vier Stunden nach dem Umdrehen des Begleitschiffes gedauert. Ein Tauchversuch zu diesem Zeitpunkt hätte eine große Verzögerung bedeutet.
Man durchfuhr die Biskaya tagsüber getaucht, nachts nur für wenige Stunden über Wasser, um die Batterien zu laden und das Boot zu lüften.
Beim Untertauchen entdeckte man, daß das Diesel-Auspuffventil noch immer leckte. Es wurde repariert, aber man bekam es nicht völlig abgedichtet. Während eines versuchten Alarmtauchens bei Aufnahme eines Radarstrahls von einem Flugzeug mit dem G.S.R. merkte man, daß die Kommandoluke nicht schloß. Die Luke wurde gesichert, und das Boot tauchte auf. Nachdem das Wasser aus dem Kommandoturm gepumpt worden war, fand man die Mütze des Kommandanten eingeklemmt in der Kommandoturmluke.
Als man einmal von einem routinemäßigen Tauchvorgang auftauchte, öffnete ein unerfahrener Heizer das Diesel-Abgasventil zu spät nach dem Starten der Steuerbordmaschine, und die Abgase von der Maschine gelangten ins Boot und betäubten mehrere Männer. Andere zogen ihre Atemschutzgeräte an. Der Diesel wurde gestoppt; die Verunglück-

ten aus dem Maschinenraum gezogen, die Gase abgesaugt, und das Boot setzte seine Fahrt fort. Künstliche Beatmung in frischer Luft brachte die betäubten Männer wieder zu sich.
Vor dem Verlassen der Biskaya brachte ein schlecht ausgebildeter Funker beinahe ein Unglück über U-172. Er saß am G.S.R. und am Ende seiner Wache erwähnte er beiläufig seiner Ablösung gegenüber, er glaube, vielleicht etwas gehört zu haben, ganz kurz vor seiner Ablösung. In diesem Moment war ein Flugzeug über ihnen und warf sechs Bomben ab. Die Brückenwache hörte das Flugzeug und drehte nach Backbord ab, sie glaubte eine Liberator über sich zu haben; aber diese hatte das U-Boot bereits gesehen und richtete ihre Scheinwerfer auf das U-Boot. Sie beschoß das Boot mit ihren Maschinengewehren und warf sechs Bomben, die dicht vor ihnen ins Wasser trafen.
Sobald das Flugzeug vorbeigeflogen war, tauchte Oberleutnant z. See Hoffmann für mehr als eine Stunde das Boot unter.
Es entstand kein nennenswerter Schaden an U-172. Dieser Angriff fand angeblich am 3. Dezember 1943 statt. Es wurde berichtet, daß die Steuerbord-Heckwelle auf dieser Fahrt vibrierte und bei höherer Geschwindigkeit ziemlich laut war.
Beim Verlassen der Bucht von Biskaya oder kurz danach änderte U-172 seinen Kurs ein wenig nach Süd-Ost, um eine Kurslinie von 13 oder 14 U-Booten zu umgehen, die sich ungefähr in einer Nord-Süd-Linie zwischen dem 18. und 20. Längengrad (West) und einiger Entfernung unter dem 45. Breitengrad erstreckte.
Dieser Kurs soll gewählt worden sein, um einen Konvoi von Gibraltar zum Vereinigten Königreich abzufangen.

Flucht vor Zerstörern

Vier oder fünf Tage vor dem Untergang und ungefähr 200 Meilen südlich der Azoren, befand sich U-172 nachts an der Oberfläche, als zwei Zerstörer gesichtet wurden. Ebenso wurde berichtet, das G.S.R. habe angezeigt, daß sie gesucht wurden. Man tauchte sofort und blieb mit ausgeschalteten Elektromotoren unter Wasser. Auf diese Weise entging man den Zerstörern.
Irgendwo nahe dem 30. Breitenkreis nördlicher Breite und östlich des 30. Längenkreises traf U-172 am Abend des 10. Dezember 1943 das Versorgungs-U-Boot, das von Korvettenkapitän Burghagen befehligt wurde, und verweilte mit ihm fünf oder sechs Stunden. Es legte ab mit 25 oder 30 Kubikmetern Heizöl, welches seinen Gesamtvorrat auf 230 Kubikmeter erhöhte. Es wurde auch Proviant aufgenommen, der die Vorräte für eine Zeit von 20 Wochen aufstockte. Es war nicht zu erwarten, daß U-172 auf dieser Fahrt ein weiteres Mal versorgt würde. Post von U-172 wurde an Bord von Burghagens Boot gebracht und Oberleutnant (Ing.) Frohwein, der mit dem Leitenden Offizier von U-172 die Fahrt mitgemacht hatte, um ihn in seine neue Aufgabe ein-

zuweisen, verließ sein altes Boot, um an Land zurückzukehren. Er beklagte sich, behindert und in seiner Pflichterfüllung durch eine Messerverletzung, die er auf der letzten Fahrt erhalten hatte, eingeschränkt zu sein. Eines der fünf extra „Borkum-Aggregate", die sie zur Versorgung mitführten, wurde auf U-Burghagen gebracht.

Der Anfang vom Ende

Das Prinzip von Oberleutnant z. See Hoffmann war es, mit Ausnahme von zwei bis fünf Stunden bei Nacht zum Aufladen der Batterien und Lüften des Bootes, untergetaucht zu fahren. Gelegentliches Auftauchen wurde in bestimmten Intervallen durchgeführt, um Funksprüche aufzufangen, das eigene Radar zu testen, oder sogar dringende Nachrichten abzusetzen. Diese vorsichtige Taktik machte langsames Vorankommen unvermeidlich, und der Bootsmaat stand dem sehr kritisch gegenüber.

Andererseits billigte der Obersteuermann keine Änderung dieser Taktik seit dem Treffen mit U-Burghagen, durch die sie Tag und Nacht aufgetaucht vorwärtskamen. Der Obersteuermann wollte bis zum Äquator untergetaucht fahren, der Kommandant hielt es anscheinend an der Zeit, schneller zu fahren. Am Morgen des 12. Dezember 1943, gegen Sonnenaufgang, war U-172 aufgetaucht und hatte sein Radar getestet. Der Oberfunkmaat glaubte, das Flugzeug, das sie kurz darauf entdeckte, habe diese Strahlen möglicherweise aufgefangen. Das Sichten durch ein Flugzeug geschah um 09.30 Uhr. Ein Magazin des 20-mm-Vierlings wurde verschossen und mindestens eines der 20-mm-Doppelrohre auf Plattform I wurde gebraucht. Dann tauchte U-172 auf etwa 180 Meter.

Als das Flugzeug U-172 um 09.30 Uhr sichtete, war es aus einer Wolkendecke in einer Höhe von ca. 1500 Fuß gekommen. Es kam dicht am aufgetauchten U-Boot vorbei und drehte dann ab. Besatzungsmitglieder, die zu dieser Zeit an Deck waren, glaubten, ein zweites Flugzeug in den Wolken gehört zu haben. Es wurden keine Bomben oder Wasserbomben geworfen, und das U-Boot fuhr bis Mittag dicht an der Oberfläche weiter.

Etwa zwei Stunden nach dem Untertauchen wurden Propellergeräusche aufgefangen, und Oberleutnant z. See Hoffmann befahl, das Boot auf Periskoptiefe. Beim Erreichen der gewünschten Tiefe schoß das U-Boot plötzlich an die Oberfläche. Der Kommandant war am Periskop, konnte aber nirgendwo ein Flugzeug erblicken. Sofort tauchte man wieder unter. Einige Gefangene sagten übereinstimmend aus, daß gegen 12.30 Uhr ein heftiger, gezielter Wasserbombenangriff begann. Die folgenden Ereignisse sind in Zeit und Detail ungenau, aber übereinstimmend war die Aussage, daß im Verlauf des Nachmittags und Abends eine große Zahl Wasserbomben (zwischen 100 und 240) gewor-

fen wurde. Durch den Eröffnungsangriff entstand ein erheblicher Schaden. Tiefenmesser wurden zerbrochen; die undichten Abgasventile wurden noch weiter beschädigt. Möglicherweise durch die Beschädigung eines Trimmtankes wurden die Bilgen überflutet; Trinkwasser vermischte sich mit Meerwasser; die Bilgenpumpen funktionierten nicht; der in St. Nazaire beschädigte und dort unsachgemäß reparierte Heizöltank öffnete sich und verlor das ganze Öl, was einen verräterischen Ölfleck hinterließ; die Lichter gingen aus.
Oberleutnant z. See Hoffmann versuchte, sein Boot auf einer Tiefe zwischen 80 und 200 Meter zu halten, ging aber einmal auf 240 Meter. Angeblich ging U-172 während dieser Aktion einmal auf fast 260 Meter oder 270 hinunter. Einige Gefangene verneinten, daß Ausweichmanöver durchgeführt wurden, andere behaupteten, Hoffmann habe häufig sein Boot ins Kielwasser zurückgelenkt oder es hart nach Backbord oder Steuerbord in den Bereich, der durch gerade explodierende Wasserbomben erschüttert war, gelenkt. Ein gefangener Offizier bestätigte, daß man nur rückwärts fuhr, um das Boot besser zu trimmen, und daß das Steuern in den Detonationsbereich, der durch explodierende Wasserbomben hervorgerufen war, aus zwei Gründen nicht zu praktizieren war: erstens hatten sie kein D.C.P., und zweitens gab es ringsherum so viele Detonationen, daß man nie sicher sein konnte, wo ein Explosionsbereich sein würde.
Gegen Mitternacht mußten Luft- und Batteriezustand erneuert werden. Man entschloß sich daher, aufzutauchen und ein Stück zu fahren, auch wenn es nur geschah, um die Batterien zu laden und den Luftvorrat zu erneuern. Infolge des Verlustes an Schmieröl funktionierte der Backborddiesel nicht, aber U-172 fuhr mit der Steuerbordmaschine weiter, bis es untertauchen mußte. Es hatte deutlich Schlagseite.
Die Silhouette eines Zerstörers in 2000 yards Entfernung wurde sofort gesichtet, und U-172 versuchte, sich aus dem Mondlicht zu entfernen. Als Leuchtraketen abgeschossen wurden, wurde es anscheinend erkannt, und die Zerstörer drängten es in das Mondlicht und begannen, es ernstlich zu beschießen. Nach etwa halbstündigem, vergeblichen Fluchtversuch an der Oberfläche tauchte U-172 wieder, trotz seiner geringen Batterie- und Luftversorgung.
Anscheinend verlief der Rest der Nacht ruhig, aber mit Tagesanbruch erfolgten neue Wasserbombenangriffe, in deren Verlauf U-172 angeblich auf rund 260 Meter hinabtauchte. Durch Verlagerungen der Besatzung wurde eine Trimmung angestrebt, und die Sicherungen gingen dauernd heraus. Der Sachschaden, der durch die erste Angriffsreihe entstanden war, wurde am Morgen des 13. Dezember noch vergrößert. Die äußeren Torpedo-Rohrtüren ließen sich nicht öffnen, und mindestens ein Torpedo ging in einem der Rohre los. Gegen 12.00 Uhr befahl der Kommandant eine Besprechung seiner Offiziere und der hochrangigen Bootsmänner. Man stimmte überein, daß das Boot den Heimweg nicht schaffen würde, und daß der Luftvorrat, der nur noch bei 30 kg

lag, und der Batteriezustand es notwendig machten, aufzutauchen, oder alle Mann samt Boot zu verlieren.
Vorkehrungen zum Auftauchen wurden getroffen. Mittels Antrieb stieg das Boot auf ca. 80 Meter auf. Luft wurde von den Torpedos in die Luftkammer Gruppe Nr. 6 geblasen. Die Mannschaft wurde in Sicherheitsmaßnahmen eingewiesen, Schwimmwesten und/oder Atemgeräte wurden angelegt. Die Tanks wurden dann angeblasen, und das Boot schoß an die Oberfläche. Die Mannschaft stieg über die Bug-, Kommandoturm- und Kombüsenluken aus. Die Berichte unterschieden sich hinsichtlich der Bemannung der Kanonen, aber schienen darin übereinzustimmen, daß der Kommandant mit einem MG auf die Zerstörer schoß. Er behauptete, mit seinem Feuer einige Verletzte verursacht zu haben.

Der Zerstörer erwiderte das Feuer und verursachte den einzigen Toten auf U-172. Alle Mann waren von Bord gegangen, aber nur 46 Mann wurden gerettet.
Die Zerstörer unternahmen einige Rammstöße gegen das U-Boot. Angeblich wurde die gepanzerte Brücke nicht durchbohrt, aber die Wasserstofflaschen zum Aufblasen des R.D.B. wurden durch Geschützfeuer in Brand gesetzt. Es ging mit offenem Luk unter, und seine Motoren/Generatoren liefen mit voller Kraft.
Es wurde wiederholt behauptet, daß U-172 nicht versenkt wurde.
Die folgende Schilderung des Untergangs von U-172 gab ein gefangener Offizier und spiegelte seine persönliche Ansicht. Sie sollte mit einigem Vorbehalt gelesen werden. Am 12. Dezember 1943 gegen 12.20 Uhr (deutsche Zeit), Kurs 180 Grad, wurde an Steuerbord ein Flugzeug unbestimmten Typs gesichtet. Auf dem Boot lautete das Kommando: An die Flakgeschütze, das Flugzeug flog in beträchtlicher Höhe an dem U-Boot vorbei.
Als das Flugzeug näher kam, wurde das Feuer aus den Doppellafetten und dem MG 81 eröffnet.
Der Bootsmaat sichtete dann ein zweites Flugzeug und erkannte sie als einmotorige Maschinen.
Als die Flugzeuge nach Eröffnung des Feuers ihren Kurs beibehielten, gab der Kommandant Befehl zum Tauchen. Gegen 10.30 Uhr (deutsche Zeit) tauchte das Boot auf 80 m. Gegen 11.00 Uhr hörte man Propellergeräusche mit den Unterwasserhorchgeräten.
Der Kmdt. befahl dem Leitenden Offizier, auf Periskoptiefe zu gehen. Trotz des guten Wetters (ungefähr Seegang 3 und mittlere Dünung) konnte das Boot nicht mehr unter Kontrolle gehalten werden und schoß an die Oberfläche.
Der Kommandant, der am Persiskop war, gab Befehl, auf 80 m zu gehen, um die Kontrolle über das Boot zurückzugewinnen; er hatte nichts durch das Periskop gesehen. Warum das Boot von Periskoptiefe an die Oberfläche schoß, konnte nicht geklärt werden, seit seinem Aus-

laufen hatte es Eigentümlichkeiten in der Trimmung und in der Wasserlage gegeben.
Der Kommandant war der Ansicht, daß die gehörten Propellergeräusche von einem Geleitzug vor der afrikanischen Küste stammten.
Er nahm Kurs auf diese Geräusche. Nach einer Weile fühlte sich der Kmdt. bei der Suche jedoch nicht mehr sicher, da die Propellergeräusche ihren Kurs ständig änderten. So ging das U-Boot auf 160 m Tiefe bei langsamer Geschwindigkeit und nahm wieder Kurs 180 Grad auf.
Gegen 13.00 Uhr detonierte die erste Wasserbombenserie. Diese waren schlecht gezielt.
Der ersten Serie folgten alle 8 Minuten andere, die von Mal zu Mal besser lagen.
Nun war die Situation eindeutig: das Boot, das inzwischen auf 180 m getaucht war, änderte seinen Kurs je nach Propellergeräuschen. Nach mehreren Wasserbombenfolgen platzten die Kontainer am Oberdeck, und das Boot wurde schwerer. Trotz sofortiger Korrektur der Schräglage wurde das Boot ständig schwerer.
Der Leitende Offizier vermutete einen Ölverlust. Bald konnte die dauernde Zunahme der Schräglage durch die Bilgenpumpen nicht mehr ausgeglichen werden.
Tank Nr. 5 mußte angeblasen werden, und man versuchte, die angestrebte Tiefe durch teilweises Anblasen der Tanks aufrechtzuerhalten.
Die beiden Kompasse funktionierten ebenfalls nicht mehr, so daß es unmöglich war, den Kurs zu kontrollieren. Auch war das Trinkwasser durch den Eintritt von Meerwasser unbrauchbar geworden.
Der Kommandant beabsichtigte, bei Nacht, nachdem die Bombardierungen aufgehört hatten, trotz Vollmondes und schönen Wetters aufzutauchen und zu versuchen, an der Oberfläche zu entkommen. Dies war die einzige Möglichkeit.
Gegen Mitternacht tauchte das Boot auf.
Es hatte starke Schlagseite nach Backbord.
Auf der Brücke waren der Kmdt., der Bootsmaat und ein Obergefreiter. Beim ersten Absuchen des Horizonts war kein Schatten auszumachen.
Während des Belüftens versuchte das Boot, sich aus dem Mondlicht davonzumachen.
Nach kurzer Zeit meldete der Bootsmaat - Schatten an Backbord -. Da der Schatten deutlich zu sehen war und nicht auf sie zulief, nahm man an, daß ihr Kmdt. durch Gebrauch der Motoren/Generatoren entkommen, beschloß dann aber, die Diesel zu benutzen.
Aber ein Diesel war wegen des Verlustes an Schmieröl nicht einsatzbereit, und so lief das Boot mit voller Kraft auf einem Diesel in die obengenannte Richtung.
Der Bootsmaat behielt den Schatten im Auge und stellte bald fest, daß er sich bewegte.
Er blieb aber deutlich sichtbar und steuerte nicht auf das Boot zu.

Aber bald drehte der Zerstörer auf das U-Boot zu und versuchte, es ins Mondlicht zu drängen, was auch gelang. Es war für das U-Boot unmöglich, irgendeinen Kurs zu halten, da kein Kompaß funktionsfähig war.
Jetzt befahl der Kmdt., einen Antiradar-Ballon (Aphrodite) aufzulassen, das war nicht nötig, da das Boot bereits gesichtet war.
Der Zerstörer kam schnell näher, weil das Boot immer noch auf einem Diesel lief.
Der Versuch, an der Oberfläche zu entkommen, war hoffnungslos.
Der Kommandant befahl einen T 5 abzufeuern und dann wieder zu tauchen.

Es war nicht möglich, einen T 5 unter Einsatz des T.D.C. (Geräuschempfänger) abzufeuern, weil das T.D.C. nicht funktionierte. Das Ziel mußte anvisiert werden, indem man den Kurs des U-Bootes entsprechend änderte.
In der Zwischenzeit begann der Zerstörer mit leichten Kanonen zu schießen. Die Geschosse lagen zu kurz. Nach einigen Salven drehte der Zerstörer ein wenig, so schien es zumindest vom U-Boot aus.
Der Zerstörer war nun etwa 3000 m entfernt und begann, mit hochexplosiven Granaten zu schießen, die aber über das Ziel hinausgingen, ca. 200 m über Steuerbord. Dann wurde der T 5 abgefeuert und das Boot tauchte unter.
Den Fehlversuch mit dem T 5 schrieb man an Bord einem Fehler am Horchgerät des Torpedos zu, verursacht durch eine vorangegangene Erschütterung.

Während der kurzen Überwasserfahrt wurde die Luftversorgung auf 60 bis 70 kg pro qm gebracht.
Im Laufe des Vormittags (23. Dezember) gab es nur wenige Wasserbombenangriffe. Aber dann begannen wieder die systematischen Angriffe.
Um die Trimmung aufrechtzuerhalten, war es wiederum nötig, den Tauchtank Nr. 5 anzublasen, was eine Menge Luft kostete. Deshalb mußte der Luftvorrat auf etwa 80 kg erhöht werden, durch einen Lufttorpedo aus dem Bugraum.
Unterdessen wurde das Boot immer schwerer und konnte nur bei halber Geschwindigkeit in Trimmung gehalten werden. Laut Tiefenmesser fuhr man in einer Tiefe von 180 bis 200 Meter, was einer tatsächlichen Tiefe von 220 bis 230 Meter bedeutete, da der Tiefenmesser infolge des Überdrucks auf dem Boot weniger anzeigte.
Nach weiteren Wasserbombenangriffen fielen die Bilgenpumpen aus, aber es gab eine Möglichkeit, sie wieder in Ordnung zu bringen.
Durch die ständigen Erschütterungen begannen die Torpedos in den vorderen Rohren II und IV zu laufen.

Um diese Lage meistern zu können, hätte man auf 80 Meter Wassertiefe gehen müssen, nur in dieser maximalen Tiefe konnte man sie abschießen.
Das war nicht durch Genauigkeit der geworfenen Wasserbomben möglich.
Gegen 17.00 Uhr deutscher Zeit war das Boot so schwer geworden, daß man die Tiefe nur noch halten konnte, indem man mit drei Vierteln der Maximalgeschwindigkeit fuhr. Außerdem fluteten die negativen Auftriebtanks.
Das erhöhte das Gesamtgewicht um 10 Tonnen. Die Luft hatte sich auf 37 kg/cm² verringert und die Möglichkeit weiteren Pumpens war vorbei, da die Pumpen nicht mehr repariert werden konnten.
Das waren nur die wichtigsten Schäden und die Hauptgründe, die den Kommandanten veranlaßten zu erwägen, das Boot aufzugeben.

Nach Beratungen mit dem I. Wachoffizier, den anderen Offizieren und dem Bootsmaat, stimmte man überein, daß unter den erdrückenden Umständen das Boot zu verlassen ist.
Vor allem lagen die Treffer der Wasserbomben immer näher, und die Angriffe erfolgten immer dichter aufeinander. Der Kommandant gab den Befehl, die Schwimmwesten und die Atemgeräte anzulegen.
Das Boot wurde auf 50 Meter Wassertiefe gebracht, von wo aus die Tanks angeblasen wurden und sie an die Oberfläche schossen.
Bevor der Kommandant die Luke öffnete, gab er den Befehl: „Alle Mann von Bord". Es war gegen 18.20 Uhr deutscher Zeit.
Kurze Darstellung der angewandten Methoden.
Der Empfang einer Nachricht von Cominch stellte Treibstoffübernahme in Aussicht und die Gruppe fuhr mit höchster Geschwindigkeit in das angewiesene Gebiet. Flugzeug sichtete U-Boot an der Oberfläche und griff mit „Mark 24 Mine" an.
Dieser Angriff wurde als erfolgreich angesehen, 50 Minuten später durchbrach der Kommandoturm des U-Bootes die Wasseroberfläche und tauchte sofort wieder unter. Sonarbojenzeichen und Zerstöreraufklärung waren in diesem unmittelbaren Gebiet negativ. Später bekam der U.S.S. DUPONT an einem Punkt 8 Meilen entfernt Fühlung (gegen 1.50 Uhr).
Zahlreiche, mit Wasserbombeneinsatz kombinierte, Angriffe erfolgten durch zwei Zerstörer. Diese Angriffe wurden durch Flugzeuge unterstützt, die Sonarbojen einsetzten. Die Fühlung hielt bis Anbruch der Nacht, dann erhielten zwei Zerstörer die Anweisung, in 10 Meilen großen Quadraten zu patroullieren (wobei der letzte Kontakt als Zentrum genommen wurde), um sich in den Quadraten nicht zu überschneiden, so daß jeder Kontakt ein U-Boot sein mußte. Um 23.00 Uhr erhielt U.S.S. Georg Badger Radarkontakt, wie man glaubt, kurz nach dem Auftauchen des Bootes und griff mit Geschützfeuer an und zwang das U-Boot erneut zu tauchen.

Man beabsichtigte um Mitternacht in einem ausgedehnten Rechteck um die Kontaktstelle ein Flugzeug zur Radarsuche zu starten, was aber nicht notwendig war, da der Kontakt wieder hergestellt und die Suche auf die neue Stelle orientiert wurde.
Um 04.00 Uhr wurde ein Flugzeug gestartet, um die letzte Kontaktstelle herum die Suche in einem ausgedehnten Quadrat fortzusetzen. Bei Tagesanbruch setzten drei Begleitschiffe die Suche fort und ein T.B.F., das mit einer Mark 24 Mine und Wasserbomben bewaffnet war, wurde über dem Platz gehalten.
Zwei Jagdflugzeuge wurden gestartet mit dem Befehl, alle Personen in der Nähe des Deckgeschützes anzugreifen, wenn das Boot auftauchte, und durch Flugzeuge und Überwassereinheiten angegriffen und zerstört wurde. Der U.S.S. OSMOND INGRAM bestätigte, daß man drauf und dran war, das U-Boot zu rammen und von Kommodore T.G. 21.13 Uhr den Befehl erhielt, es mit Geschützfeuer zu versenken. Dieser Befehl wurde gegeben, weil man glaubte, es sei nicht nötig, es zu rammen, denn seine Zerstörung war offensichtlich, auch ohne es zu rammen.
Erster Vermerk zu
CO Duponts geheimem Brief (ltr)
DD1 52/A16-3/032 vom
13. Dezember 1943
Von: Kommandeur der Eskort-Division CNE.
An: Oberbefehlshaber der US-Flotte
Über: Kommandeur der Kampfgruppe 21.13
Betreff: Gefechtsbericht
1. Weitergeleitet
2. Die Angriffe durch die U.S.S. DUPONT waren sehr erfolgreich, indem sie die ersten Schäden an dem U-Boot verursachten. Angriffe unter Anwendung des Mark-10-Werfers wurden in rascher Folge durchgeführt, und man hörte Explosionen. Danach hinterließ das U-Boot einen Ölfleck. Die Angriffe mit Wasserbomben waren anscheinend erfolgreich mit Ausnahme des siebten Angriffes (1520 GCT), der das U-Boot nicht traf und annähernd 2000 yards vom U-Boot entfernt erfolgte.
3. Im Gegensatz zu der in Paragraph 16 vertretenen Meinung, war das U-Boot zu den angegebenen Zeiten sehr beweglich.
4. Am 12. Dez. um 23.45 Uhr rief dieser Befehl U.S.S. Dupont, sofort U.S.S. GEORGE E. BADGER zu treffen. Zu dieser Zeit war das U-Boot auf dem Radarschirm der Badger. Wegen übermäßiger Funkstörungen war es aber unmöglich, mit der U.S.S. DUPONT Kontakt aufzunehmen. Spätere Versuche endeten bis 24.00 Uhr mit dem gleichen Ergebnis, als Dupont von U.S.S. BOGUE informiert wurde. Man glaubt, daß die oben gennante Funkstörung, obgleich sie ungewöhnlich war, nicht durch einen Störsender verursacht wurde.
5. Die U.S.S. DUPONT schloß nicht vor 24.00 Uhr zu der U.S.S. GE-

ORGE E. BADGER auf, einer Periode von neun Minuten nach der Beobachtung von Leuchtkugeln. Die U.S.S. DUPONT erreichte den Ort des Kampfes erst um 01.01 Uhr. Dazu der Einheitsführer: die U.S.S. DUPONT gibt ihre Position um 24.00 Uhr nicht gemäß dem ursprünglichen Suchplan an. Da sie auch eine Stunde später noch nicht angekommen war, glaubte man, daß die U.S.S. DUPONT gut 20 Meilen vom ursprünglichen Suchbogen abgekommen war. Nachdem der Einheitsführer der U.S.S. Dupont durch den Kommandeur der Kampfgruppe um 21.13 Uhr den Befehl erhalten hatte, nicht außerhalb eine 10-Meilen-Radius zu suchen, hatte er wahrscheinlich den Befehl mißverstanden oder den Suchort, und am Ende war es fragwürdig, ob man so Kontakt zu einem beschädigten U-Boot halten könnte, und das Ganze war kein positiver Beitrag während dem nächtlichen Kampfgeschehens.

Betreff: Kampfbericht des 13. Dez. 1943

Man griff nicht an, da das Wasser noch vom vorangegangenen Angriff unruhig war. U.S.S. OSMOND INGRAM konnte um 11.16 Uhr den Kontakt wieder herstellen und bereitete den Angriff vor, als das Q.C. „Einweisungsgerät" ausfiel. Er zog sich vom Kampfgeschehen zurück, um Reparaturen durchzuführen, als U.S.S. GEORGE BADGER Kontakt aufnahm, Position bezog, um die U.S.S. CLEMSON in richtige Position zu dirigieren, denn U.S.S. GEORGE E. BADGER hatte schon alle seine Wasserbomben geworfen. Um 11.35 Uhr griff U.S.S. CLEMSON an. Um 11.47 Uhr arbeitete das Horchgerät der OSMOND INGRAM wieder, schloß sich wieder an.

Um 11.51 Uhr griff U.S.S. CLEMSON wieder an. Tiefenmeßgerät zeigte 25 Faden an. Um 11.58 Uhr erhielt U.S.S. OSMOND INGRAM wieder Kontakt und griff um 12.02 Uhr mit flachliegenden Salven aus neun Wasserbomben an.

Nach Vollendung dieses Angriffes kam diese Boot genau auf Kurs 076°, Geschwindigkeit 15 Knoten, um U.S.S. CLEMSON nächstem Angriff zu folgen. Um 12.13 Uhr griff U.S.S. CLEMSON wieder an. Um 12.16 Uhr tauchte das U-Boot in einer Entfernung von 3000 yards genau bei 000° auf.

Kanonen 1 und 2 begannen sofort zu feuern. Geschwindigkeit stief auf maximale Geschwindigkeit und Kurs änderte sich, um an das U-Boot heranzufahren. U-Boot hatte beträchtliche Fahrt und die Geschwindigkeit wuchs weiter. Wahrscheinlich lief es zum Schluß mit 8 Knoten. Da das U-Boot zweifellos angeschlagen war, beschloß man, so schnell wie möglich aufzuschließen, und es, wenn nötig, zu rammen. Sobald man auf Suchweite war und klare Ortung hatte, eröffneten 20-mm-Kanonen das Feuer. Kanone 2 mußte das Feuer einstellen, als das Schiff Kollisionskurs annahm. Kanone 1 feuerte fortlaufend weiter.

6. Als das U-Boot den Bug von Backbord nach Steuerbord drehte, drehte man bei, um auf Kollisionskurs zu bleiben, während gleichzeitig das U-Boot hart nach rechts drehte und mit dem Bug voran kam. Man drehte nach links bei und eine Zeitlang liefen die beiden Schiffe Bug an Bug aufeinander zu. Kurz darauf drehte das U-Boot ein, und sein Heck muß den Bug passiert haben. Während des Passierens war das Steuer hart links, beide Maschinen auf „Volldampf". Rammen wäre durch Einsatz der Maschine im letzten Augenblick möglich gewesen, zu diesem Zeitpunkt hielt man es aber nicht für notwendig.
7. Die Ruderstellung wurde sofort gelockert, um die Kanone 2 zur Geltung zu bringen, und vier Salven mit vier Treffern wurden abgegeben, bevor das U-Boot um 12.21 Uhr in Breite 26° 19' N, Länge 29° 58' W sank. Um 12.24 Uhr, 12.29 Uhr und 12.34 Uhr hörte man Unterwasserexplosionen.
8. Während dieses Kampfes feuerte Kanone 1 unaufhörlich. Die ersten paar Salven lagen daneben, aber als man in Reichweite war, verfehlten, wenn überhaupt, nur noch wenige ihr Ziel. Der erste Treffer schlug in den vordern Teil des Kommandoturms ein, löste ein Feuer aus und verursachte einen beträchtlichen Schaden. Ein anderer Treffer beseitigte die vordere Kanone, als man sie gerade besetzen wollte. Später, nachdem das U-Boot den Bug gekreuzt hatte, zerstörte ein Treffer den oberen Teil des Kommandoturms völlig. Zahlreiche Treffer am Schiffsrumpf wurden erkannt. Verschossene Munition: 23 Salven 3" / 50 A.P.; 9 Salven 3" / 50 AA; 1 Leuchtsalve 3" / 50.
9. Kanone 2 und die 20-mm-Abteilung konnten die meiste Zeit nicht zum Tragen kommen, aber man nutzte jede sich bietende Möglichkeit. Verschossene Munition: 11 Salven 3" / 50 AP.; 330 20-mm-Salven.
10. Zwei Lewis-Maschinengewehre, Kaliber 30, die auf dem Bootsrahmen, und zwar auf dem Artilleriedeck, in Stellung gebracht waren, konnten effektiv eingesetzt werden. Verschossene Munition: 176 Salven.

11. Als das U-Boot auf uns zu drehte und den Bug kreuzte, begann eine Kanone auf dem Kommandoturm zu feuern, bestrich das Achterdeck und verursachte die folgenden Opfer, bevor es außer Gefecht gesetzt wurde:
Tot: CROWELL, Rex Dolos, 621 89 21, Flc, V-6, USNR. Diagnose: Lungenschuß, linker unterer Flügel.
Verwundet: PENOYER, Charles Clinton, 620 27 30, MM2c, V-6, USNR. Diagnose: verletzt, zerrissene Kopfhaut.
BRODY, Paul (n), 298 91 54, CMM(PA), USFR. Diagnose: Schrapnellverletzung, Brust.
ROCKWELL, Harry William, 602 23 21, Flc, V-6, USNR. Diagnose: vielfache Schrapnellverletzungen.
MORNAN, Paul Andrew, 710 91 56, F3c, V-6, USNR. Diagnose: vielfache Schrapnellverletzungen.

WARD, Thomas William, 668 88 07, SF2c, V-6, USNR. Diagnose: vielfache Schrapnellverletzungen.
SAYERS, Lee Monger, 725 30 80, MM2c, V-6, USNR. Diagnose: Schrapnellverletzung, linker Fußknöchel.
OWEN, Chester Lee, 630 06 01, F1c, V-6, USNR. Diagnose: Schrapnellverletzung, rechter Daumen.
CRAIG, Robert Miller, 658 91 71, S1c, V-6, USNR. Diagnose: traumatische zweiseitige Trommelfelldurchlöcherung und Blutsturz.
Jeder der oben genannten Männer war Mitglied des Reparaturkommandos und war auf seiner Gefechtsstation. Beim ersten Anzeichen von Kanonenbeschuß warfen sich alle flach auf Deck, mit Ausnahme von CROWELL, der getroffen wurde noch bevor er merkte, was geschah.

12. Die ganze Zeit über war das U-Boot aufgetaucht, und die Flugzeuge der U.S.S. BOGUE hielten einen gnadenlosen Beschuß aufrecht. Die unbarmherzige Aggressivität, wie sie von den Piloten trotz des Abwehrfeuers durch das U-Boot erfolgte und das Feuer und die Querschläger unserer eigenen Kanonen bestimmten das Bild.
13. Das Ausmaß des Feuers von diesem Schiff und durch die Flugzeuge der U.S.S. BOGUE führten dazu, daß die Decks des U-Boots nicht besetzt gehalten werden konnten.
14. Nachdem das U-Boot verlassen und gesunken war, fuhr dieses Schiff einen Kreis und nahm die folgenden Kriegsgefangenen auf:
Hermann Hoffmann, Oberleutnant
Graf Coreth, Oberleutnant
Herbert Plottke, Bootsmannsmaat, UO 3545/38S
Arno Margraf, Maschinist, Chefbootsmann, UN 2158/37T
Hans Bierwolf, Maschinist, UO 13092/41T
Joseph Wieser, Seemann, UN 12097/40S
Hermann Sager, Seemann, UM 1555/41S
Bernard Kruger, Seemann, UO 4319/41S
15. Dieser Offizier glaubt, daß es deshalb so viele Überlebende gab, weil die Mehrzahl wegen des starken Beschusses gezwungen war, unten zu bleiben, und das Boot erst verließ, als dieses zu sinken begann. Dies scheint teilweise durch die Information eines Überlebenden und durch die Tatsache, daß dieses Schiff nur acht Männer aufnahm, die zusammen in einer Gruppe waren, und die aus dem Kommandoturm kamen, bestätigt zu werden. Die Männer, die von anderen Schiffen aufgelesen wurden, tauchten anscheinend später von der ersten Gruppe getrennt auf.

16. Nach Rettung der einen Gruppe, übernahm dieses Schiff eine Schutzpatrouille, während die U.S.S. CLEMSON und die U.S.S. GEORGE E. BADGER 15 bzw. 23 Überlebende von einer Gesamtzahl von 46 Kriegsgefangenen rettete.

17. Die Kriegsgefangenen hatten die folgenden Verletzungen:
Hermann Hoffmann, Oberleutnant: Calzium-Hydroxid verbrennt das Auge, gleichzeitig beträchtliche Menge desselben geschluckt.
Hermann Sager: Seemann: Unvollständige traumatische Amputation der dritten Zehe. Schwere Fleischwunde am zweiten Zeh des rechten Fußes.
Alle Kriegsgefangenen hatten Öl in den Augen und hatten eine beträchtliche Menge davon geschluckt.
18. Der Seitenrichtkanonier von Kanone 1, Robert Miller Craig, 658 01 71, S1c, V-6, USNR, litt, wie man später herausfand, an beidseitiger Trommelfelldurchlöcherung, was auf das Geschützfeuer zurückzuführen war.
19. Die folgenden Punkte werden als besonders interessant angesehen:
a) Kommandeur der Eskortdivision I an Bord von U.S.S. GEORGE E. BADGER nahm eine Position ein, in der er ständig Kontakt zu dem U-Boot aufrechterhalten konnte und den angreifenden Schiffen doch nicht im Wege war. Es versteht sich, daß dies von unschätzbarem Vorteil war, den Kontakt wiederzuerlangen, und zweifellos ein Faktor, um die Wucht des Angriffs zu erhöhen.
b) Das Boot erhielt eine Reihe von Treffern durch AA-Munition und ihre Wirksamkeit zum Schutz von Personen wurde zweifellos bemerkt.
c) Bug voraus war für diese Schiffsklasse immer die schwächste Verteidigungsposition gewesen. Das Aufsetzen der Lewis-Kanonen vom Kaliber 30 auf dem Artilleriedeck ist eine kleine, aber wirksame Maßnahme, um diese Situation zu meistern.
20. In Übereinstimmung mit den Marinebestimmungen der Vereinigten Staaten, Artikel 712, wird der vom Leitenden Offizier benötigte Brief beigefügt.
21. Der Einheitsführer ist sehr stolz auf die Handlungsweise eines jeden und stimmt mit den Aussagen des Leitenden Offiziers überein.
22. Die Kriegsgefangenen wurden in Übereinstimmung mit der vertraulichen „Aktennotiz" 01227316 vom 19. Mai 1942 des Vizechefs der Marineoperationsabteilung behandelt, mit Ausnahme, daß die Offiziere nicht von der Mannschaft getrennt wurden. Die dürftige Einrichtung eines Zerstörers dieses Typs würde dies nicht erlauben. Die Wetterbedingungen waren nach den Geschehnissen so, daß eine Übergabe an ein anderes Schiff unmöglich war. Das übliche Verhör fand nicht statt, jedoch wurden aus Eindrücken und Unterhaltungen der Überlebenden bei der Rettung folgende Informationen bekannt:

a) Man fand Rechnungen vom 10. September, 11. September, 27. …
U.S.S. OSMOND INGRAM
Zur Veröffentlichung freigegeben
Kriegstagebuch Dez. 1943
Sonntag, 12. Dezember 1943 *Zone Plus 1*
Kontakt mit U-Boot, Peilung 190 T, Entfernung 50 Seemeilen. 08.50

Uhr Kurs auf 190 T geändert. U.S.S. DUPONT und U.S.S. GEORGE E. BADGER verließen die Formation, um den Kontakt zu ermitteln.
10.02 Uhr Kurs nach 205 T geändert
11.52 Uhr Kurs nach 270 T geändert
12.46 Uhr Kurs nach 090 T geändert
13.05 Uhr Kurs nach 000 T geändert
14.00 Uhr Kurs nach 200 T geändert
15.00 Uhr Kurs nach 290 T geändert
16.00 Uhr Weiterfahrt mit verschiedenen Kursen und Geschwindigkeiten, um in der Nähe des U-Boot-Kontaktgebietes zu bleiben.
17.53 Uhr gelangte er auf falschen Kurs 210 T.
18.33 Uhr Kurs nach 135 T geändert, Geschwindigkeit 15 Knoten, Zickzackkurs zu 95% gutgemacht.
23.00 Uhr Kurs auf 270 T geändert.
Montag, 13. Dez. 1943
Zone Plus 1
1. Positionen

	0800	*1200*	*2000*
Breite	*20 19 N*	*26 19.5 N*	*27 46 N*
Länge	*29 36 W*	*29 57 W*	*29 02 W*

2. Weiterhin auf Kurs 270 T, Geschwindigkeit 15 Knoten, Zickzackkurs zu 95% gutgemacht. 03.30 Uhr Kurs nach 020 T geändert. 06.00 Uhr.

Ausschnitt aus der „Memphis"-Zeitung:

By Associeted Press
Washington, den 29. Januar 1944
200 Wasserbomben auf ein einziges U-Boot (U-172). Marineflugzeuge und Kriegsschiffe bekämpfen es 27 Stunden und gewinnen.
Die amerikanische Flotte besitzt viel Zeit und Geduld, wenn es sich um die Versenkung eines U-Bootes handelt.
Die Flotte berichtet, daß ein weiteres U-Boot im Atlantik versenkt worden ist, nachdem es 27 Stunden durch Geleitflugzeugträger, sowie dessen Zerstörer und Flugzeuge bekämpft wurde.
Das U-Boot wurde eines Morgens gegen 08.00 Uhr durch ein weit vor seinem Verband fliegendes Flugzeug gesichtet. Das U-Boot tauchte jedoch zu schnell, um eine sofortige Aktion einleiten zu können, aber andere Flugzeuge stiegen auf und zwei Zerstörer begannen die Jagd.
Drei Stunden später stellte ein Zerstörer das U-Boot fest und ließ die ersten Wasserbomben fallen.
Wieder wurde das feindliche Schiff verloren, dann jedoch wieder gefunden und der Kampf in die Nacht hinein fortgesetzt, das U-Boot kämpfte unermüdlich und die Wasserbomben fielen rings um das Boot.
Um Mitternacht tauchte das Boot auf, um seine Batterien aufzuladen, aber erneute Wasserbomben-Serien zwangen es unter Wasser und bedeckten das Wasser mit Treiböl.

Nicht vor 11.00 Uhr am nächsten Morgen zwang dann der Endschlag das U-Boot zum Auftauchen, um dann, nicht mehr länger manövrierbar, seine Nase endlich unter Wasser zu stecken. Im Ganzen wurden mehr als 200 Wasserbomben in dem mehr als einen Tag dauernden Kampf geworfen.

Unser Anlaufhafen war Norfolk, Virginia U.S.A.
Wir kamen in ein kleines sauberes Lager und wurden nach Dienstgraden streng getrennt, einverstanden waren wir damit nicht, wir konnten aber dagegen nichts machen.
Unsere Offiziere haben wir nicht mehr gesehen, sie wurden von uns ferngehalten, um Verständigungsmöglichkeiten zu unterbinden.
Nach den ersten medizinischen Untersuchungen auf dem Flugzeugträger wurde nochmals eine genaue Durchforstung bei uns vorgenommen. Wir wurden geimpft, waren aber alle gesund.
Alle wurden wir neu eingekleidet, konnten duschen, baden und wurden nicht behelligt.
Gesellschaftsspiele in den doppelstöckigen Baracken vertrieben uns die Zeit. Wir konnten uns nicht beklagen, hatten Kontakte mit den Bewachungssoldaten.
Nach zehn Tagen wurden wir auseinandergerissen und kamen in verschiedene kleine Lager.
Mit einer kleinen Gruppe, alles Unteroffiziere, kam ich nach Fort Alexandria in der Nähe von Washington. Eiskalt und meterhoch der Schnee, die Baracken gut geheizt. Von da ging es in ein Verhörlager, wo man uns mit allen erlaubten Mitteln Einzelheiten unseres Bootes entlocken wollte. Die Amerikaner hatten in den Zweibettzimmern, die wir belegten, schon einen Mann sitzen, einen Überläufer, wir waren im letzten Lager schon gewarnt worden.
Um ihn reinzulegen, erzählte ich ihm allerhand Blödsinn, unter anderem, daß wir gelb angestrichene Granaten an Bord hatten.

Als ich das nächste Mal zum Verhör geholt wurde, befragte mich der Vernehmungsoffizier nach diesen Granaten. Ich sagte ihm, daß mein Zimmerkollege ein Überläufer wäre und mich nur aushorchen wollte. Sofort wurde ich in ein Einzelzimmer verlegt und hatte mit niemandem Kontakt. Der Name des Mannes ist mir als Fred Kürt in Erinnerung, angeblich, wie er mir versicherte, ein Hilfskreuzerfahrer.
Von hier aus wurden wir per Bahn quer durch die Staaten in einer mehrere Tage dauernden Fahrt zum Marinegefangenenlager Papago Park Phönix/Arizona verbracht. Wie stiegen dort aus und auf Lastwagen über, die Fahrt zum Lager war kurz. Durch das Lagertor bis zum Lager 3 gingen wir zu Fuß. Ein großes Hallo, Kameraden hinter dem Zaun riefen, Emmermann kommt, wo haben sie euch geschnappt? Es waren Kameraden von U-604 und U-185, die Wiedersehensfreude war groß. Wir haben uns umarmt, und manche Träne floß. Nachdem wir

uns in den Baracken eingerichtet hatten, wollte das Erzählen mit den alten Kameraden kein Ende nehmen.
Wir saßen bis spät in die Nacht vor den Baracken im Sand und tauschten alles aus, was wir so erlebt hatten, und das war nicht wenig.
Die Tage gingen dahin, Langeweile zog auf.
Ich wurde, weil ich kochen konnte, in die Küche kommandiert, für mich aus der Langeweile gerissen, eine Erleichterung. Wir haben uns in dieser Zeit einen Fußballplatz hergerichtet, Torstangen und Querbalken durch die Vermittlung von deutschsprechenden Amerikanern organisiert.
Alle Besorgungen liefen über die Küche. Das amerikanische Wachpersonal fühlte sich bei uns besonders wohl. Wir hatten nie das Gefühl, daß wir hart überwacht wurden.
Die Verpflegung nach unseren Begriffen erstklassig und sehr abwechslungsreich.
Ein Offizier der Bewachungseinheit kam in die Küche, schaute sich die Vorräte an Lebensmitteln an und traf die Entscheidung für die Neuversorgung.
Hatten wir nach seiner Meinung zu viel Vorrat, bekamen wir weniger Nachschub, das bekamen wir schnell mit. Zucker und Mehl wurde von uns zum Abzeichnen der Linien auf dem Fußballplatz verwandt oder aber durch den Abfluß gespült. (Stellen Sie sich das mal vor.)
Eines Tages erschien ein neuer amerikanischer Verpflegungsoffizier und brüllte im Frankfurter Dialekt in die Küche: Hört mal her, ihr Äppelwoi-Säufer, ich bin der Jude Löwenberg aus Frankfurt am Main, wenn ich „stillgestanden" sage, steht ganz Deutschland still.
Ein riesiges Gelächter war die Antwort. Wir haben mit dem Juden Löwenberg noch viel Spaß gehabt, er war, wie sich herausstellte, ein feiner Kerl. Angeredet wurde er nur mit Jude Löwenberg, er wollte es so.
Er besorgte uns alles, was wir so brauchten, Hefe zur Weinherstellung aus dem nicht verbrauchten Obst oder aber auch Fußbälle oder Sportbekleidung aus Heeresbeständen. Er hat uns später sehr gefehlt.
Jetzt begannen Abkommandierungen ins Erntelager. Es wurden kleine Lager mit 200 Mann Besatzung gebildet, alles Zeltlager mit großen Zelten für sechs Mann. Die Baumwollernte begann. Mit 4 Yard langen Säcken um den Hals hängend gingen unsere Männer auf die Felder.
Mit etwa 600 Mann trat ich die Reise über viele hundert Kilometer nach Kalifornien an. Camp Beale in der Nähe der Stadt Sakramento war für uns die neue Heimat.

Unsere Männer aus dem Hauptlager Papago Park bei Phönix/Arizona wurden zur Ernteeinsätzen im ganzen U.S.-Westen eingesetzt. Arizona, Kalifornien, Texas, New Mexiko und Idaho. Wir haben mit Mexikanern, Indianern und Farbigen aller Schattierungen zusammengearbeitet und uns prächtig verstanden.
Papago Park Phönix/Arizona.

Ein Lager der Gefangenen der deutschen Kriegsmarine! Marineangehörige: U-Bootfahrer - Hilfskreuzerfahrer - Sperrbrecher - Bordpersonal der Bordflak Süd aus dem Mittelmeer.
Durch harte Kämpfe im Krieg zusammengeschweißte Soldaten, ruhig und freundschaftlich zu Scherzen und Witzen aufgelegte Männer, die wußten, daß für sie der Krieg zu Ende ist, aber Deutschland in einem harten Kampf stand. Wir ließen das Leben ruhig angehen, Sportveranstaltungen und Kurse in Englisch, Mathematik, Vorträge von Juristen in allen Fachgebieten wurden besucht.

Dann kam der 12. Mai 1944.
Etwa 15 Lastwagen der amerikanischen Armee fuhren ins Lager, voll mit Gefangenen der deutschen Marine.
Die Küchenbaracke des Lagers 3, in der ich Dienst tat, stand direkt am Zaun zur Lagerstraße, die Lkw's hielten zwischen Lager 3 und Lager 4. Alle in unserem Lager nicht zur Arbeit eingeteilten Kameraden am Zaun, um die neu Angekommenen zu begrüßen.
Die neu angekommenen Kameraden wurden in beide Lager aufgeteilt, nahmen ihren Seesack auf und gingen in die zwei Lager.
Ein Mann blieb zurück und konnte sich nicht entschließen, in welches Lager er gehen sollte, ich kannte den Mann aus meiner Ausbildungszeit, wußte aber seinen Namen nicht mehr, ich sprach ein paar Worte mit ihm, er drehte sich um und ging unter Begleitung eines amerikanischen Wachsoldaten zum Lager IV und verschwand dort durch das Tor.
Wir hatten zwischen den Lagern, wie Sie wissen, einen regen Austausch von Nachrichten im Wink- und Morseverkehr. Noch am selben Abend wurde der Mann, der bei uns am Lager 3 stand und nicht wußte, wo er hin sollte, von einem Kameraden von U-615 als Spitzel und Verräter aus dem Verhörlager Fort Meade erkannt.
Die Amerikaner haben den Mann, der für sie große Dienste leistete und vielen deutschen Kameraden durch seinen Verrat den Tod brachte, in ein Marinelager geschickt, obwohl sie wußten, daß dieser Mann dort nicht überleben würde. War es Gedankenlosigkeit oder Absicht ihn hierher zu schicken.
Morgens am 13. Mai setzte ein reger Morseverkehr zwischen den Lagern ein, zuerst nicht alles klar erkennbar, was dort im Lager 4 in der Nacht vor sich gegangen ist. Der Verräter Matrosengefreiter Drechsler wurde in der Nacht vom 12. zum 13. Mai 1944 von den Kameraden des U-Bootes 615 erschlagen und in der Waschbaracke aufgehangen. Ein Fememord!
Die Kameraden, die dieses taten, wurden von den Amerikanern mit Hilfe eines Lügendetektors und Behandlung des dritten Grades der Verhörung ausfindig gemacht. Alle sieben Kameraden, noch nicht einer hatte das 23. Lebensjahr erreicht, wurden zum Tode durch den Strang verurteilt und nach Kriegsende hingerichtet.

Papago Park Phönix/Arizona.

Am 23. Dezember 1944, um 19.45 Uhr flohen durch einen gegrabenen Tunnel unter dem Zaun hindurch 11 Offiziere, 14 Unteroffiziere und Gefreite in die (vermeintliche) Freiheit.
Die Amerikaner begannen eine Hetzjagd in nicht vorstellbarer Größe, alle wurden gefaßt.
Am 28.12.1944 veröffentlichten die Zeitungen Arizonas Steckbriefe von allen Ausbrechern. Alle Polizeidienststellen, hoch alarmiert, begannen die größte Menschenjagd der Geschichte ihres Landes.
Unsere Kameraden, unter ihnen Kapitänleutnant Guggenberger, wollten nach Mexiko, ein weiter dornenreicher Weg. Kaum zu schaffen, wenn man keine Hilfe hat und das Land nicht kennt.
Ich war zu dieser Zeit in einem Außenlager im Baumwolland, als wir das hörten. Keiner meiner Kameraden glaubte an einen Erfolg dieses Ausbruches, wir kannten die Prärie, haben lange darin gearbeitet, von uns lief keiner weg. Der Durst ist ein schlimmer Gegner, den überwindet man nicht, daran ist letzten Endes alles gescheitert.
Am längsten hielt sich Fregattenkapitän Jürgen Wattenberg, am 28. Januar 1945, 37 Tage nach dem Ausbruch, wurde er in Phönix von einem Sheriff gestellt.
Hier in Kalifornien wurden Apfelsinen, Pampelmusen, Pflaumen, alle anderen Arten von Obst und Gemüse geerntet. Ein wunderschönes Land mit teilweise deutschstämmigen Bewohnern. Wir haben hier ältere Menschen getroffen, die nur Deutsch sprachen, sie wollten viel über Deutschland hören. Aber was sollten wir denen erzählen, wir hatten schon ein paar Jahre Krieg hinter uns.
Die Unteroffiziere gingen als Gruppenführer mit 10 bis 15 Mann zur Arbeit. Ich bekam auch eine Gruppe und mußte zur Pflaumenernte, Anfahrtzeit etwa 11/2 Stunden. Wir hatten einen unerträglichen Wachsoldaten, der uns das Leben schwer machte. Das sahen wir uns einige Tage mit an, dann beschwerten wir uns beim Lagerführer. Jetzt ließ er uns überhaupt keine Ruhe mehr, er versuchte jeden zu provozieren. Unsere Geduld war am Ende.
Dem habe ich, als er im Gras lag und schlief, das Gewehr geklaut und etwas weiter weg in einen Bewässerungskanal geworfen. Als er aufwachte und merkte, daß sein Gewehr weg war, bekam er er einen Tobsuchtsanfall, als er langsam ruhiger wurde, begann er bei mir um seine Waffe zu betteln. Jetzt kam der Farmer, er hörte sich die Angelegenheit an und lachte, bat uns aber, dem Soldaten das Gewehr wieder zu geben. Ich zeigte ihm die Stelle im Kanal genau. Jetzt begann er zu tauchen, fand es, aber das Magazin nicht mehr, das ich hinterher geworfen hatte. Er mußte damit leben. Als wir abends ins Lager kamen, wurde er schon am Camp-Tor in Empfang genommen, wir sahen ihn nicht mehr. Die nachfolgenden Posten waren sehr friedlich, wir hatten einen farbigen Soldaten für ein paar Tage mit in der Plantage, der sagte mir:

„Du bis ein weißer Sklave, und ich bin ein schwarzer Sklave". Daß der Mann recht hatte, konnten wir kurz nach einem Verkehrsunfall beobachten. Unser Lkw-Fahrer fuhr einem Pkw, der von einem Farbigen gelenkt wurde, in die Seite. Schuld war, als der Sheriff kam, der Farbige. Wir haben ein großes Theater veranstaltet, aber nichts half, der Neger war dran.

Ich bekam als Gruppenleiter eine andere Arbeitsgruppe und fuhr auf dem Nachhauseweg durch die Stadt Marisvill in einem Bus, der im Dach Entlüftungslöcher hatte. Durch eines dieser Löcher steckte ein Kamerad eine an einem Stab befestigte Hakenkreuzflagge. Mich wunderte die ganze Zeit, daß die Bevölkerung uns so viel Aufmerksamkeit schenkt, Autos fuhren uns nach und hupten. Die beiden Posten im Autobus freuten sich, daß sie so beachtet wurden, ich auch, denn ich wußte ja auch nichts. Am Tor angekommen, sprangen Wachsoldaten auf den Bus und suchten das Dach ab. Jetzt flog ein Stock durchs Fenster! Der Kamerad hatte sich die Flagge zusammengerollt als Tuch um den Hals gebunden, sie wurde nicht gefunden. Die Wache am Lagereingang nahm mich als Kommandoführer fest und sperrte mich zehn Tage in den Bunker. Bei dieser Affenhitze!
Stellen Sie sich das mal vor.

Jetzt, nachdem ich aus dem Bunker heraus war, bekam ich ein Arbeitskommando in der Wäscherei.
Das sollte noch toller werden.
Von meinen Kameraden sofort eingeweiht, was dort lief, konnte nichts mehr schiefgehen.
Wir gingen zur Arbeit, nur in Hose und Hemd, Unterwäsche haben wir uns dann in der Wäscherei frisch angezogen. Der Fehlbestand wurde bei denen immer größer.
Jetzt untersuchten uns die Manager der Wäscherei, ob wir etwas geklaut hatten.
Sie konnten keinen Diebstahl feststellen, wie sollten sie auch.
Nach etwa 14 Tagen fiel den Amerikanern auf, daß in den Mülltonnen unseres Lagers Unterwäsche in mächtigen Mengen deponiert war.
Sofort haben wir uns umgestellt, gingen mit verschmutzter Wäsche zur Arbeit und zogen uns in der Wäscherei wieder auf saubere Bekleidung um.
Ja, das konnte man in Kalifornien im Camp Beale alles machen.
Eines Tages stellte ich fest, daß einige Kameraden, die in einem Marketenderlager für den Pazifik arbeiteten, Goldplomben an ihren Zähnen hatten.
Diese Kerle hatten in großem Maße die Goldfedern aus den Füllhaltern der Marketenderware geklaut.
Der amerikanische Zahnarzt unseres Lagers war mit von der Partie und machte Halbe/Halbe.

Da der Amerikaner mir wegen der Hakenkreuz-Affäre nicht mehr traute, wurde ich in ein anderes Nachschublager versetzt.
Was ich dort erlebte, war die reinste Spitze.
Wir mußten Schuhe für den Pazifik verpacken, eine einfache Sache. Aber meine Kameraden hatten sich einen besonderen Gag ausgedacht, Sie verpackten in einen großen Container nur die linken Schuhe und in den anderen die rechten. Ich kam langsam ins Schwitzen, wir Unteroffiziere durften nicht zur Arbeit, aber wohl zur Aufsicht herangezogen werden, wenn etwas schief ging, waren wir, die Unteroffiziere, dran.
Wieder Kommandowechsel in der Aufsicht, ich hatte ein neues Kommando.
Eines Morgens wurden wir eingeteilt, und ich stand mit 20 Mann am Tor und wartete, was auf mich zukam.
Ein Lkw fuhr vor, wir enterten auf, und ab ging die Fahrt. Wir fuhren etwa eine halbe Stunde und landeten in einem Wacs-Camp (Unterkunft für weibliche Armee-Angehörige), unser Bewachungssoldat sofort verschwunden.
Mich hatte eine ältere Dame, in Uniform eines Capitäns (Hauptmann), die Chefin des Lagers war, sofort zu Kaffee und Kuchen eingeladen. Meine Kameraden des Arbeitskommandos, die hier schon heimisch waren, waren nicht mehr zu sehen. Was die in den Baracken trieben, war mir klar.
Hier war was los, hier ging was vor sich!
Ich saß zu meinem Leidwesen in der Küchenbaracke und wurde von der deutschsprechenden Lagerführerin voll in Anspruch genommen.
Die etwa 50jährige Dame, sehr attraktiv und gepflegt, holte noch, wieder zu meinem Leidwesen, zwei andere deutschsprechende Damen an die Kaffeetafel. Ich war mit den drei Damen tagelang beschäftigt.
O Mann, O Mann, meine Kameraden vergnügten sich, und ich armer Hund saß an der Kaffeetafel.

Plötzlich Abkommandierung von 400 Mann ins Stammlager Papago Park, ich war dabei. Das paßte mit überhaupt nicht, aber was wollte ich machen? Resignierend packte ich meine sieben Sachen und bestieg mit meinen Kameraden den Zug. Dort trafen wir am 22. Oktober 1944 ein und wurden sofort in kleinere Außenlager zur Baumwollernte abkommandiert. Ich ging mit etwa 400 Mann nach dem Lager Casa-Grande, dicht an der mexikanischen Grenze gelegen, sehr heiß und trocken.
Es wurden ein Lagerführer und ein Unteroffizier vom Dienst gesucht. Als Lagerführer hatten wir einen Obersteuermann der U-Waffe gefunden, als U. v. D. wurde ich von den Kameraden vorgeschlagen, die mich aus Kalifornien kannten. Abgestimmt, alles ja, und ich war U. v. D.
Die Baumwollernte ging zu Ende, und das Lager wurde aufgelöst.

Aus einer Lagerbesatzung wurden zwei gemacht, 200 Mann gingen mit dem Lagerführer nach Litshfield und die restlichen 223 Mann mit mir als Lagerführer nach Backay. Dort ging die Baumwollernte erst los. Beide Lager lagen nicht weit auseinander, abends konnte man die Lichter vom anderen Camp sehen.
Dort im Lager Backay mußte ich schwere Tage meines Lebens durchstehen, die Kapitulation des Deutschen Reiches, der Krieg war aus. Gott sei dank!
Aber ich hatte auf Druck der Amerikaner ein vorgefertigtes Schriftstück vor der angetretenen gesamten Lagerbesatzung zu verlesen.
Ein amerikanischer Soldat deutscher Abstammung warnte mich vorher und sagte mir, was auf mich zukam. Ich holte sofort die Lagerunteroffiziere zusammen und unterrichtete sie mit der Auflage, sofort ihre Gruppen zu verständigen. Das war am 07.05.1945. Abends ging ich noch durch die Zelte und machte jedem Kameraden zur Auflage, sich zur Morgenzählung sauber anzuziehen, wenn möglich noch mit Uniformen, die sie besaßen.
Um 06.00 Uhr war Morgenzählung, alle Kameraden blieben bis zu diesem Zeitpunkt im Zelt, das Lager ruhig, wie ausgestorben.
Ich ging durch die Zeltreihen und zu den Kameraden, die das Frühstück vorbereiteten, in die Küche.
Um 05.30 Uhr kamen amerikanische Presseleute mit Kameras ins Lager und bauten sie auf dem Apellplatz auf. Jetzt wußte ich genau, was uns blühte, man wollte von amerikanischer Seite unsere Reaktionen im Film festhalten.

Ich warnte nochmals alle Kameraden: Verhaltet euch so, daß die Amerikaner keinen Grund zu einer Hetzkampagne in Presse und Film haben. Meine beiden Schreibstuben-Kameraden liefen von Zelt zu Zelt und unterrichteten alle, daß Kameramänner im Lager waren.
Um 06.00 Uhr ließ ich vom U. v. D. rauspfeifen zum Antreten, jetzt liefen schon die Kameras.
Die Kompanie ist angetreten, sauber, ruhig, kein Wort. Ein amerikanischer Oberst betrat das Lager, kam auf mich zu und ließ durch einen Dolmetscher übersetzen. Er verlangte von mir die Verlesung der Kapitulationsurkunde von Großadmiral Dönitz. Ich tat es, als ich beim letzten Wort angekommen war befahl ich: „In die Zelte weggetreten". Sofort sind alle Kameraden verschwunden.
Bitterböse Worte mußte ich mir anhören. Das ließ mich kalt. Mit dem U. v. D. und den beiden Schreibstuben-Kameraden ging ich ins Wohnzelt, setzte mich auf meine Koje und ließ meinen Tränen freien Lauf. Alles umsonst, für was haben wir eigentlich gekämpft?
Die Amerikaner führten uns das drastisch vor Augen! Am späten Abend, in der Dunkelheit, wurden uns Filme über die Konzentrationslager in ihrem ganzen Schrecken vorgeführt.

Wir waren starr vor Schreck, zuerst wollte es kein Kamerad glauben. Wir waren verstört, politische Diskussionen gab es nicht. Jetzt kamen die Amerikaner mit Doppelpostkarten, die uns die Auffindung unserer Angehörigen erleichtern sollten, eine löbliche Sache, aber die Karten hatten den Aufdruck: EIN MITGLIED DER GESCHLAGENEN WEHRMACHT sucht seinen NÄCHSTEN ANGEHÖRIGEN!
Viele Kameraden warfen die Karten einfach weg, andere schickten sie ab. Alle Kameraden, die aus dem Osten des REICHES stammten, benutzten diese Karten, so auch ich. Ich fand durch diese Karte meine Angehörigen wieder.
Die Verpflegung wurde schlagartig in der Qualität schlechter, aber nicht weniger. Wir bekamen die selbe Menge Fleisch wie vorher, aber statt Braten oder Kochfleisch nur Schweineschwänze, Schweinehirn, Nieren und in erheblicher Menge Haschee in Dosen, das wir auch als Brotbelag benutzten. Mit meinen Arbeitsgruppenführern stand ich vor dem Problem, Verpflegung ranzuschaffen. Ich hatte für die Kompanie zu sorgen, wir setzten uns zusammen und berieten, was zu tun wäre, wir fanden einen Ausweg.
Paul, unser amerikanischer Verbindungsmann, in Deutschland geboren, mußte uns helfen. Ich bat ihn ins Lager und erklärte ihm, was bei uns für Probleme anlagen. Er zeigte volles Verständnis und versprach, mit Capt. Davis zu sprechen. Bald kam er zurück und erklärte mir, daß ich, der Lagerführer auf Befehl vom Capt. mit ihm die Arbeitskommandos besuchen soll.
Dort sollte sich mit den Farmern sprechen, um Verpflegung zu erhalten, Gemüse und so alles, was geerntet wird. Schon die erste Fahrt ein durchschlagender Erfolg, was wir beide mitbrachten, ging gerade noch in den Jeep. Die zweite Fahrt machten wir am nächsten Tag, auf einem Karottenacker luden wir den Jeep wieder voll und waren schon am Vormittag wieder zurück.

So holten wir, was wir zusätzlich für unsere Ernährung brauchten, zusammen, die Gruppenführer der Arbeitsgruppen brachten Fett, Öl und aller Art Lebensmittel mit.
Eines Tages kam Paul ins Lager und sagte zu mir: „Zieh' dich an, wir fahren einen saufen, aber du bist, wenn du im Farm-Saloon erscheinst, ein Schweizer Student". Ich sagte ihm: „Was soll der Quatsch, die kennen mich doch alle"!

Wir fuhren los, es war eine regelrechte Wildwestbar mit Flügeltüren am Eingang. Einige Farmer standen an der Theke und riefen als sie uns sahen: „Hello Plattki, German-Nazi, come on, the War is over". Jetzt mußte ich aufpassen, daß ich nicht an Alkoholvergiftung starb.
Die Whisky-Gläser flitzten nur so über die Theke, ehe ich eines richtig eingefangen hatte, lagen drei umgekippt auf der Platte.

Das konnten wir nicht lange machen, an- oder betrunken konnten wir uns nicht im Lager sehen lassen. Wir beide brachen den gemütlichen Teil des Tages ab und fuhren ins Lager zurück.
Die Fahrt mit Paul wurde jetzt zur Gewohnheit, wir holten ran, was wir konnten, besser gesagt, was uns beschränkt möglich war. Eines Tages stand ich auf einem riesigen Zwiebelfeld, Erntearbeiter der STANLEY-FRUIT-COMPANY waren an der Arbeit und ernteten das Feld ab, ein kleines Flugzeug erschien und landete. Zwei Herren, die ausstiegen, kamen direkt auf Paul und mich zu. Es war der Chef der STANLEY-FRUIT-COMPANY mit seinem Sekretär. Der Chef sprach mich sofort in einem einwandfreien Deutsch an und fragte mich, ob ich der Kommandoführer wäre. Ich verneinte und sagte ihm, daß ich der deutsche Lagerführer bin.
„Haben Sie Probleme?" war seine nächste Frage. Ich sagte ihm, daß wir ein bißchen knapp mit hochwertigen Lebensmitteln wären.
„Was brauchen Sie? Milch, Butter, Fett, Mehl und Fleisch? Sie bekommen das, holen Sie die Lebensmittel morgen hier auf diesem Feld ab, es steht ein Wagen hier, Sie können umladen."
Wir unterhielten uns längere Zeit, und es stellte sich heraus, daß seine Eltern aus Berlin stammten, er selbst in den U.S.A. geboren. Er sagte stolz, daß er ein Freimaurer sei, diese aber in Deutschland nicht beliebt wären. Er verwies auf eine goldene Kette, die er um den Hals trug.
Als wir auseinandergingen, erinnerte er uns an den nächsten Tag. Ich war sprachlos. Paul sagte mir: „Das geht nicht gut. Wenn das an die große Glocke kommt, sind wir beide dran". Er sollte recht behalten. Sie werden noch sehen. Wir luden am nächsten Tag trotzdem um. Tage gingen vorbei, nichts tat sich, wird wurden wieder mutig.
Beide hatten wir das Gefühl, daß sich einige Amerikaner ihre Hände in unserer Verpflegung wuschen, die im Hauptlager waren nicht sauber. Wir mußten uns vor diesen Leuten vorsehen, denn wenn die das rausbekamen, was wir so trieben, waren wir geliefert. Eines Tages kam Paul zu mir und fragte, ob wir einen Ochsen haben wollen. Keine Frage, sofort!

Der Pferdefuß kam gleich hinterher, Paul sagte mir: „Frag' mal deine Leute, ob sie Sonntag mit 100 Mann vier Stunden arbeiten wollen, dann bekommt ihr einen Ochsen".
Bei mir hat es geklingelt, ich war hellwach, die Amerikaner hatten mit einem Farmer ein Geschäft vor. Wenn die uns für 400 Arbeitsstunden einen Ochsen gaben, verdienen die bestimmt drei.
Mir soll das egal sein.
Bei der Abendzählung habe ich das meinen Kameraden vorgetragen, alle einverstanden. Wir machen mit!
Ich habe dann über Paul beim Farmer noch 100 Stangen Zigaretten rausgeschlagen.

Hier bei uns war die Kriegsgefangenschaft ein einziger Handel, die Amerikaner sind eben geschäftstüchtige Leute. 100 Männer unseres Lagers zogen am kommenden Sonntag auf's Feld und ernteten Zwiebeln, alles lief prächtig, zu gut. So etwas konnten die Amerikaner nur in ganz kleinen Lagern machen.
Am folgenden Dienstag stand um 05.00 Uhr früh Paul im Schreibstubenzelt und sagte mir, daß der Ochse da wäre. „Paul bring' das Fleisch in die Küche" bekam er von mir zur Antwort. Paul war geschockt und verdattert, er machte ein verständnisloses Gesicht. Ich ahnte Grausames, sprang aus der Koje und lief zum Tor, da stand ein Farmer und hatte einen Ochsen an der Leine. Die Kameraden stürzten aus den Zelten und bogen sich vor Lachen.
Was nun? Erst mal die Arbeitskommandos raus aus dem Lager. Zwei, die den Beruf eines Metzgers gelernt hatten, hielt ich zurück. Den Ochsen haben wir in die Waschbaracke geführt, der Lagerkommandant kam mit einem Karabiner und hat ihn erschossen.
So viel Fleisch konnten wir nicht so schnell verbrauchen, also eine Menge Salz besorgt und alles eingesalzen. Ich habe mich dann auf so einen Handel nicht mehr eingelassen, konnte ich auch gar nicht, der Ball war geplatzt. Andere Farmer, die ihre Ernte auch so schnell wie möglich einbringen wollten, fragten im Hauptlager an, ob die Germans nicht auch bei ihnen am Sonntag arbeit können. Jetzt rollte eine Lawine auf uns zu, die wir nicht mehr aufhalten konnten.
Am Freitag dieser Woche, nachdem die Arbeitskommandos aus dem Lager waren, standen plötzlich zwei Offiziere aus dem Hauptlager vor mir.
Sie waren geschockt, als sie die vielen Hühner und Gänse sahen, die bei uns zwischen den Zelten rumliefen.
Sie fragten mich sofort, wo ich denn die Rinderherde hätte, aus der ich einen Ochsen geschlachtet habe. Jetzt half nur noch eine Flucht nach vorn. Ich erklärte ihnen, daß wir das nur aus reiner Nächstenliebe zu den Farmern taten, um denen zu helfen, die Ernte einzubringen. Ich sagte, daß wir auch bereit sind, es bei anderen am Sonntag zu tun. Sie berieten sich, das Resultat: „Packen Sie Ihre Sachen, Sie kommen sofort mit". Aus der Traum!

Als ich nach der Verabschiedung von meinen Kameraden des Lagerdienstes vor dem dem Tor stand, unterhielten sich zwei Wachsoldaten so laut, daß ich sie verstehen konnte. Capt. Davis und Sergant Paul waren schon weg. Was haben die mit mir vor? Ich sollte es bald erfahren.
Nach mehrstündiger Fahrt liefen wir im Hauptlager Papago Park Phönix/Arizona ein.
Ich war hellwach, in welches Lager bringen die mich - in keines.
Die Verwaltungsbaracke war unser Ziel, dort wurde ich unserem ehemaligen Lagerführer Capt. Hale von Casa-Grande VORGEFÜHRT.

Ein ehemaliger Rechtsanwalt aus Frankfurt am Main. Der Mann war Jude und aus Deutschland geflüchtet. Capt. Hale: „Plottke, Ihre Geschäftstüchtigkeit fällt uns auf die Nerven, warum stecken Sie nicht zurück?" Ich gab keine Antwort, was sollte ich sagen? Ich zuckte nur mit den Schultern.
Er provozierte mich mit allerhand Fragen. Ich blieb ruhig und sagte kein Wort, es hätte nichts eingebracht, mein Weg war von denen vorgezeichnet. Die STANLY-FRUIT-COMPANY hat uns das Genick gebrochen. Versetzung ins Straflager Elefen-Meilen-Corner, die heißeste Ecke der U.S.A. war mir sowieso sicher. Der Hauptlagerführer der deutschen Seite, den ich anrief, ließ sich nicht sehen. Ein Korvettenkapitän!
Und so kam es, wie es kommen mußte. Ich stieg in einen Jeep und ab ging die Post. Nach Elefen-Meilen-Corner.
Als wir dort ankamen, erlebte ich eine Überraschung, auf der Innenseite des Zauns stand mein lieber Kamerad, der Maschinenobermaat von U-172 Otto Lemke, die Wiedersehensfreude war groß.
Meine Sachen gepackt und rein ins Lager, sofort Oberkörper frei, die Amerikaner wollten sehen, ob ich unter der linken Oberarmseite eine Tätowierung der Blutgruppe wie bei der Waffen-SS hatte.
Fehlanzeige! Ich zog sofort in das Zelt von Otto.
Wir gingen auf die Baumwollfelder, die Amerikaner hatten mit uns wenig Freude, gearbeitet wurde auf Sparflamme. Nach einigen Wochen wurden wir nach El Paso versetzt, ein Repatriierungslager. Wir hofften, es ging nach Hause. So war es, dachten wir.
Hier von El Paso ging es mit der Bahn quer durch die Staaten bis Buffalo am Erie-See.
Dort lagen wir durch einen Streik der Bahnarbeiter tagelang fest, wann geht es weiter? Verpflegt wurden wir gut, aber diese Enge, wie in einem U-Boot!
Wir warteten auf einem Nebengleis in Buffalo das Streikende ab, es dauerte ein paar Tage, bis wir weiterfuhren. Plötzlich setzte sich der Zug in Bewegung, wir waren wieder unterwegs, aber wohin?
Die Fahrt ging nach Osten, es kann nur NEW YORK sein, so war es.
Das Lager Camp Chengs, am Hudson gelegen, nahm uns auf, wie lange bleiben wir hier, das war die Frage. Wahnsinnige Parolen liefen durch das Lager, amerikanische Soldaten sagten uns, es geht nach Old Germany.
U-Bootfahrer fanden sich zusammen, es wurde diskutiert, jeder wollte wissen, wo der andere in den Staaten war. Das Erzählen nahm kein Ende. „Wo haben sie dich geschnappt, wie bist du aus dem Boot rausgekommen?" So ging das ein paar Tage. Fallschirmjäger saßen in Gruppen zusammen und nahmen mit uns Kontakt auf, wir vertrugen uns prächtig. Die erste Frage „was hast du hier gespart?" Ich hatte meine paar Dollar, die ich in der Tasche hatte, im Camp Davis-Monthan, Tucson, Arizona in die Zahlstelle gegeben. Abheben konnte ich die

Summe in Deutschland, was ich später auch tat. Dort in diesem Camp, das ich hier nicht erwähnte, habe ich zwei Pakete mit Bekleidung und Tabak an das Rote Kreuz Genf abgeschickt. Ich habe die Pakete, als ich in Deutschland war, abgerufen und bekommen.
Die ersten Kameraden gingen an Bord eines ehemaligen Truppentransporters in Richtung Europa, aber wohin, das wußte keiner.

Ein paar Tage später waren wir, unsere Gruppe, dran, den Hudson hinunter an NEW YORK und der Freiheitsstatue vorbei, ins offene Meer.
Der Atlantik hatte mich wieder!
Erinnerungen kamen auf, nur nicht daran denken, es liegt alles zu lange zurück.
Gehen wir nach England, Frankreich oder Belgien? Wir hatten ein unwahrscheinliches Glück, wir gingen nach England. Die anderen, die nach Frankreich oder Belgien gingen, waren schlimmer dran. Viele Kameraden, die dort in Bergwerken arbeiten mußten oder aber zum Minenräumen kommandiert wurden, ließen dort ihr Leben.
Als wir mit unserem Schiff in die Nähe des Kanals kamen, wußten wir Seeleute sofort „Es geht nach England". Den Kurs konnten wir an der Sonne und an den Sternen ablesen. Wir waren erleichtert, es konnte schlimmer kommen. An der Pier im Hafen von Liverpool machte unser Schiff fest, wir gingen sofort von Bord.
Für viele Männer war es eine große Enttäuschung, da sie dachten, es geht nach Hause. Von der Pier aus wurden wir sofort in Busse verladen und auf das ganze Land verteilt, eine große Gruppe ehemaliger Mariner ging in das Durchgangslager LODGE MOOR für einige Tage.
Dort kam die Einteilung in Arbeitslager, ich ging mit etwa 80 Mann nach dem Lager 32 London/SHEPHERD'S BUSH. Es war der 13. Mai 1946, wie lange bleiben wir hier, wann geht es nach Deutschland?
SHEPHERD'S BUSH, ein ehemaliges Pensionat für junge Mädchen, ist ein großes, in den Räumlichkeiten großzügig ausgestattetes Haus, wir fühlten uns sofort wohl.
Ein völlig anderes Gefühl, das wir hier gegenüber den Staaten hatten, das Wachpersonal aß mit uns dieselben Mahlzeiten, bekam nur am Nachmittag noch eine Tasse Tee. Hier traf ich mit unserem Maschinenobermaaten Heinz Holzke zusammen, die Welt ist klein!
Alle wurden wir im Straßenbau eingesetzt, Wachpersonal ist nicht zu sehen. Englische Soldaten, von den Streitkräften entlassen, liefen ohne Dienstgradabzeichen in ihren Armeeuniformen herum.
Ich wurde mit etwa 30 Mann in ein ganz kleines Lager versetzt, das war keine Kriegsgefangenschaft mehr.
Mit der Bevölkerung hatten wir alle einen engen Kontakt, ich war erstaunt, wie die Menschen in England den Krieg mit seinen ganzen Schrecken weggesteckt haben. In London schwere Bombenschäden,

Verwüstungen ganzer Stadtviertel, Not überall, aber kein Haß gegen uns.
Wir alle waren glücklich, daß der zweite mörderische Weltkrieg Vergangenheit gehört.
Auch diese Zeit ging zu Ende. Am 13.12.1946 wurden wir nach Deutschland entlassen und in Hull nach Cuxhaven eingeschifft. Ich war zu dieser Zeit das letzte Mal auf See, wir Seeleute standen an der Reling und hingen unseren Gedanken nach.
Wehmütig dachten wir an unsere Kameraden, die dort unten lagen und die Heimreise nicht mit antreten konnten.
Am 14.12.1946 gingen wir in Cuxhaven an Land, wir waren zu Hause! Waren wir das wirklich?
Jedenfalls war die VI. und letzte Unternehmung von U-172 nun endgültig beendet.

Nachwort

Die U-Bootwaffe war im II. Weltkrieg genau wie im I. für das Deutsche Reich, wie sich nach den Kriegen herausstellte, die ausschlaggebende Waffe über Sieg oder Niederlage des Reiches.
Die Männer der deutschen Reichsregierung hatten kein bindendes Verhältnis zur Marine, keiner diente bei dieser Waffengattung.
Sie waren, wenn sie zur See sahen, blind, das war unser Verhängnis.
Sie mußten wissen, daß nur die U-Bootwaffe durch eine Abschnürung Englands und die Unterbindung des Nachschubes nach Rußland einen Vorteil herbeiführen konnte.
Die Marine, die nur 5% der Stahlproduktion der Industrie erhielt, war nicht in der Lage, genügend U-Boote zu bauen. Für Schlachtschiffe, die nutzlos waren, wie sich erwies, konnten pro Schiff 40 U-Boote gebaut werden.

Auch die Atlantikhäfen, durch die Niederlage Frankreichs in unserer Hand, konnten nur in der ersten Zeit, als die Alliierten die Abschnürung der Biskaya noch nicht in der Hand hatten, von Nutzen sein.
Das U-Bootbau-Programm in den Jahren 1942 / 1943 / 1944 mit neuen schnellen Booten kam zu spät.
Die U-Boote VII c und IX c, die die Hauptlast des Kampfes zu tragen hatten, kämpften gegen die Übermacht des Feindes einen aussichtslosen Kampf.

Trotz großer Erfolge in den Jahren bis in den Mai 1943 konnten die U-Boote den Neubau der Alliierten nicht egalisieren.
Die deutsche U-Waffe verfügte am ersten Tag des Krieges am 01.09.1939 über 57 U-Boote.
1142 U-Boote wurden vom Reich bis zum Ende des Krieges in Dienst gestellt, davon 1099 Neubauten von deutschen Werften.
Auf Unternehmungen gingen 603 U-Boote durch Feindeinwirkung verloren, 27 U-Boote kamen durch ungeklärte Ursachen nicht in den Hafen zurück.
215 U-Boote wurden bei Kriegsende durch die eigenen Besatzungen gesprengt. Elf U-Boote an fremde Marinen abgegeben, 153 U-Boote nach Kriegsende in Feindhäfen überführt.
Deutsche U-Boote versenkten im II. Weltkrieg:
2882 feindliche Handelsschiffe mit 14408422 BRT
beschädigt wurden 264 Handelsschiffe mit 1989703 BRT
Kriegsschiffe: versenkt 149 Schiffe
beschädigt 48 Schiffe

Minenerfolge insgesamt: 55 Schiffe mit 199236 BRT
Im Weltkrieg 1939-1945 fanden 28728 Männer der U-Boot-Waffe den Tod.
739 U-Boote gingen verloren.
Im Atlantischen Ozean und im englischen Kanal
18897 Mann / 458 Unterseeboote
In Nord- und Ostsee
2313 Mann / 80 Unterseeboote
Im Mittelmeer
1344 Mann / 51 Unterseeboote
In westindischen Gewässern
427 Mann / 11 Unterseeboote
Im Indischen Ozean
510 Mann / 11 Unterseeboote
In der Heimat und in fremden Gebieten
491 Mann / 49 Unterseeboote
Im Weltkrieg 1914-1918 fanden 4744 Männer der U-Bootwaffe den Tod.

I.	U-Boot-Flottille	549 Mann	24 Boote
II.	U-Boot-Flottille	521 Mann	17 Boote
III.	U-Boot-Flottille	424 Mann	15 Boote
IV.	U-Boot-Flottille	568 Mann	16 Boote
V.	U-Boot-Flottille	276 Mann	10 Boote
	U-Boot-Flottille Flandern	1782 Mann	82 Boote
I.	U-Boot-Flottille im Mittelmeer, Pola	278 Mann	17 Boote
II.	U-Boot-Flottille im Mittelmeer, Cattaro	59 Mann	10 Boote
	U-Boot-Flottille Konstantinopel	95 Mann	5 Boote
	U-Kreuzer-Flottille	137 Mann	2 Boote

Handels-U-Boot Bremen verschollen mit 28 Mann.
Die höchsten Blutopfer aller Wehrmachtsteile wurden von der U-Boot-Waffe gebracht.
Im I. und II. Weltkrieg wurde keine Waffengattung so gefordert wie die U-Boot-Waffe.

Die Biskaya, die Auslaufbasis unserer U-Boote, wurde durch gegnerische Luftstreitkräfte ab Mitte 1943 total blockiert, gegnerische Seestreitkräfte spielten eine untergeordnete Rolle. Die U-Boote mußten, um freien Seeraum zu gewinnen, durch die Biskaya, eine gefährliche Unternehmung.

Ich, der Verfasser dieses Buches, bin dreizehnmal durch die Biskaya gefahren. Schwere plötzliche Gefechte bei Tag und Nacht haben wir durchgestanden und erreichten mit großem Glück und Können den freien Seeraum oder den Hafen. Es gab Verluste auf beiden Seiten, der Kampf wurde erbittert geführt. Deutsche Handelsschiffe, die notwendige Rohstoffe für die deutsche Industrie aus den von Japan besetzten

überseeischen Gebieten brachten, wurden von gegnerischen Streitkräften abgefangen und versenkt, wenige kamen durch.
Die Seeblockade der Alliierten schnürte das Reich vom wichtigen Nachschub ab.
Die gefahrlose Benutzbarkeit der Seewege der Alliierten ab 1943 brachte dem Deutschen Reich die Niederlage.
Die U-Boote kämpften einen verbissenen Kampf, sie griffen selbstaufopfernd jedes sich bietende Ziel rücksichtslos an. Der Atlantik wurde für sie, wie in den Jahren zuvor für die Alliierten, ein Gräberfeld.

Auszüge aus Churchills „ - The Second World War - "
Band II, Seite 529:
„...Die einzige Sache, die mit jemals wirklich während des Krieges Furcht einflößte, war die U-Boot-Gefahr. Ich dachte selbst vor der Luftschlacht um England, daß eine Invasion fehlschlagen würde. Nach dem Sieg in dieser wäre sie ein aussichtsreicher Kampf für uns gewesen. Wir konnten diesen schrecklichen Feind unter für uns günstigen und, wie er offensichtlich einsah, für ihn schlechten Umständen ertränken und vernichten. Es wäre die Art des Kampfes gewesen, mit der man bei den grausamen Bedingungen des Krieges zufrieden sein sollte. Aber nun waren unsere Lebenslinien selbst in der Weite der Ozeane und besonders auf den Zufahrtswegen zu unserer Insel durch U-Boote gefährdet. Ich hatte sogar mehr Befürchtungen über den Ausgang dieses Kampfes, als es bei dem ruhmreichen Luftkampf, der sogenannten Schlacht um England, der Fall gewesen war. Die Admiralität, mit welcher ich in engster Freundschaft und Zusammenarbeit lebte, teilte diese Befürchtungen..."

Der Verfasser

Torpedos!

U-172 verwies auf Torpedos und Gefechtspistolen für Torpedos mit folgenden Bezeichnungen.

T-1:	Luftgetriebener Torpedo At. G 7 a.
T-2:	Elektrischer Torpedo Eto. G 7 e.
T-3:	Elektrischer Torpedo mit kombinierter Magnet- und Aufschlagzündung. Eto. mit MZ/AZ.
T-4:	Akustik-Torpedo. Nur dem verantwortlichen Torpedomechanikermaaten bekannt. Niemals von U-172 mitgeführt.
T-5:	Neuerer Akustik-Torpedo. U-172 führte auf seiner letzten Fahrt zwei davon mit sich.
FAT-1:	Luftgetriebener Konvoi-Torpedo mit „Spiralförmigem" Laufweg.
FAT-2:	Elektrischer Konvoi-Torpedo mit „Spiralförmigem" Laufweg.
AZ-Pistole:	Pistole mit Aufschlagzündung zum Gebrauch für T-1- und T-2-Torpedos.
MZ/AZ-Pistole:	Pistole mit kombinierter Aufschlag- und Magnetzündung (letztere wahlweise). Zwei Typen: eine für den T-1, eine für den T-3.
Pi-4:	Spitzen-Einsatzpistole zum Gebrauch im T-5. Der Torpedomechanikermaat war der einzige, der die folgenden Bezeichnungen für Pistolen gebrauchte:
Pi-1:	Gleich Bedeutung wie der erwähnte AZ für T-1- und T-2-Torpedo.
Pi-2:	MZ/AZ nur für T - (elektrischer Torpedo).
Pi-3:	MZ/AZ mit zusätzlichen Trockenzellen nur für den Gebrauch in T-1 (Lufttorpedo).
Pi-4:	Trägheitstyp zur Verwendung im T-4- und T-5-Torpedo.

Anhang

Worterklärungen
Abkürzungen und Fachausdrücke der Marine.

Asdic	Unterwasserortungsgerät durch Ultraschallwellen.
Aal	Torpedo im Seemannjargon.
AK	Äußerste Kraft der Maschinen.
ATO	Pressluft-Ölgemisch getriebener Torpedo.
Aphrodite	Antiradar-Ballon mit angehängten Metallstreifen.
Back	Tisch an Bord.
Bb.	Backbord.
B-Dienst	Funkbeobachtungsdienst der deutschen Marine.
Bilgen	Zellen im untersten Teil des Bootes.
BRT	Bruttoregistertonne.
Diesel-Elektrisch	Antrieb des Bootes durch einen Diesel und eine Elektro-Maschine.
Etmal	Die von 00.00 Uhr bis 24.00 Uhr zurückgelegte Wegstrecke, über und unter Wasser.
ES	Erkennungssignal durch Morselampe, Winkflaggen oder Signalpistole.
E.-Maschine	Elektromaschine.
F.T.-Eingang	Eingang eines Funkspruches.
F.T.-Ausgang	Abgegebener Funkspruch.
Funkmaat	Unteroffizier der Funkerlaufbahn.
Funkkladde	Geführtes Tagebuch des Funkers.
Funkmeßgerät	Deutsches Radar.
Funk/600-m-Welle	Internationale Seerettungswelle.
Frischwassererzeuger	Gerät zum Umwandeln von Seewasser in Trinkwasser.
Fieren	Zu Wasser lassen.
Fächer	2er, 3er oder 4er Fächer des Torpedos. Die Torpedos laufen nach den Abschüssen je nach Einstellung auseinander und fächern das Ziel ein.
Hedgehog-Bomben	Wasserbomben mit Aufschlagzünder.
Koppelmaat	Seemännischer Unteroffizier, der auf der Seekarte den Kurs mitzukoppeln und die Peilungsdurchgaben des Obersteuermanns einzutragen hat.
Kaptlt.	Kapitänleutnant.
Kmdt.	Kommandant.
Kompressor	Diesel- oder Elektro-Verdichter für Druckluft.
KTB	Kriegstagebuch.
Korvetten	Leichte Kriegsschiffe, die als Bewacher der Geleitzüge eingesetzt wurden.
Kreiselkompaß	Die sich um eine waagerechte Achse drehende Scheibe, unabhängig von magnetischen Einflüssen, immer gleichlaufend zur Erdachse, die sich genau in Nord-Süd-Richtung einstellt.
L. I.	Leitender Ingenieur. Auf allen Schiffen der erste verantwortliche Offizier der Technik und des technischen Personals.
Luk	Ein luft- und wasserdicht abschließender Deckel von Ober- nach Unterdeck.
Ltnt.	Leutnant.
Linie	Äquator.
Maat	Unteroffizier.
Magnetkompaß	Gerät zum Bestimmen der Himmelsrichtung. Der Magnetkompaß besteht aus einer sich in waagrechter Richtung frei drehender Magnetnadel, die sich infolge des erdmagnetischen Feldes in Nord-Süd-Richtung einstellt.
Marschfahrt	Treibstoffsparende Fahrstufe, um den Aktionsradius zu vergrößern.

Mixer	Torpedomechaniker.
Oberdeck-Tuben	Wasserdichte Behälter für Torpedos und Granaten an Oberdeck.
Obersteuermann	Oberfeldwebel, verantwortlich für die Navigation.
Ortung	Peilung mit funkmeßtechnischen oder akustischen Geräten.
Nummer Eins	Ältester seemännischer Unteroffizier, dem alle seemännischen Aufgaben unterstehen.
Prüfungstauchen	Tägliches Tauchmanöver zur Übung.
rw	Rechtweisend: Kurs oder Peilung.
Schwimmwesten	Rettungsgerät am Oberkörper mit kleinen Druckluftflaschen zum Aufblasen ausgestattet.
Smut/Smutje	Koch.
SM	Seemeile.
sm/h	Zurückgelegte Seemeilen in der Stunde. (Knoten = die im Augenblick der Ablesung vom Fahrtmesser gefahrene Geschwindigkeit).
Tauchbunker	Tauchbunker liegen außerhalb des Druckkörpers und können, wenn kein Öl gefahren wird, als Tauchzellen benutzt werden.
Tauchzelle	Außerhalb des Druckkörpers wird bei Überwasserfahrt ausgeblasen gefahren.
Tiefenruder	Bei Unterwasserfahrt zum Tiefensteuern benutzt. Vorn und hinten angebrachte Ruderblätter.
Trimmen	In die waagrechte Lage bringen.
Untertriebszellen	Innerhalb des Druckkörpers liegen zwei Zellen von je 5 Tonnen Wasserinhalt, die dem Boot beim Tauchen 10 t Untertrieb geben müssen, weil sie nicht druckfest sind, bei 30 m Tiefe ausgeblasen werden.
U.-Raum	Unteroffiziersraum.
Versorgung	In weit entfernten Seegebieten wurden wir von Versorgungs-U-Booten oder Kampfbooten mit Verpflegung, Öl oder Ersatzteilen versorgt, um länger im Kampfgebiet bleiben oder den Heimathafen erreichen zu können.
WO (I., II., III. WO)	Wachoffiziere.
Zentralmaat	Verantwortlicher technischer Unteroffizier der Zentrale.

Kommandant Kapitänleutnant Carl Emmermann ging von Bord.

Oberleutnant z.S. Hermann Hoffmann, unser I. Wachoffizier, übernahm das Kommando als Kommandant von U 172.

Beim Einlaufen nach unserer Karibik-Fahrt zeigen wir die U.S. amerikanische Flagge des von uns geenterten Dampfers SANTA RITA am 9.7.1942.

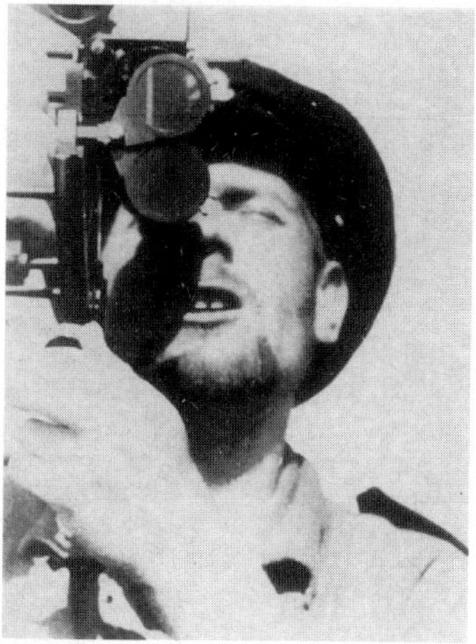

Obersteuermann Karl Duwe bei der Arbeit mit dem Sextanten

Der E.Maat Ewald Banse an der Schalttafel für die B.Bord Maschine

Rettungsboot der versenkten ALDINGTON COURT im Südatlantik. Die Schiffbrüchigen wurden mit Wasser, Lebensmitteln und dem Heimatkurs ausgestattet.

Marschfahrt im Südatlantik

Turm von der Bunkerdecke aus gesehen im Hafen von Lorient

Oberdeck-Dusche. Zu diesem Zeitpunkt ist der Atlantik noch nicht voll überwacht!

Auf hoher See werden Torpedos aus den Oberdecks-Tuben in den Bug Torpedoraum umgeladen.

Ein Torpedo läuft aus einem Heckrohr ab und trifft auf einen von einem Geleitzug versprengten Nachzügler.

Bootsmannmaat Herbert Plottke, Verfasser dieses Buches.

29 Versenkungswimpel zieren das Seerohr von U 172 nach der letzten Heimkehr, aufgenommen im Bunker von Lorient.

Körper-Maling bei der Äquator Taufe. Josef Wieser und Günter Meißner.

Letzter Feuerwechsel mit einem Zerstörer, der versuchte, das U Boot zu rammen, aber einige Meter am Heck vorbeiglitt.

17 Besatzungsangehörige als Kriegsgefangene in Camp Beale in Kalifornien, U.S.A.

Das Ende von U 172. Amerikanische Flugzeuge des Trägers USS BOGUE, der eine Suchgruppe anführte, haben den letzten Kampf fotographisch dokumentiert. Der Kampf ist entschieden. U 172 geht für immer auf Tiefe.